邁向成熟大人的情緒教養系列 2

THE ANXIETY WORKBOOK FOR TEENS:
Activities to Help You Deal with Anxiety and Worry

為何你
總是憂鬱不安？

停止焦慮的42堂課

by Lisa M. Schab

麗莎．M．薩伯——著　繆靜芬——譯

目錄

【前言】

從焦慮到平靜的練習

親愛的讀者：

歡迎來到《為何你總是憂鬱不安？：停止焦慮的42堂課》。如果有人給你這本書，八成是因為你正在人生中體驗到某種程度的焦慮，而你希望要擺脫焦慮，要學會如何處理焦慮。

如果你體驗到焦慮，你是正常的。每一個人都會在某個時候感覺到焦慮。在青春期感覺到焦慮更是屢見不鮮，因為許許多多的變化正發生在你的身體內、頭腦裡和情緒中。

焦慮是常見且非常可以治療的症狀。將本書中的練習融會貫通，一定會為你帶來許多點子，明白如何預防和處理你的焦慮。有些練習或許一開始看起來很不尋常，可能會要求你嘗試去做一些對你來說非常陌生的事。即使這些建議似乎與你習慣的建議截然不同，但我還是鼓勵你嘗試一下。看似最奇怪的點子可能結果證明是最有幫助的點子。

你還會發現，儘管有些練習對你來說效果非凡，但其他練習則可能根本無濟於事。那也是正常的。你是獨一無二的人，所以你必須去發現對你最有成效的練習。如果你找到比本書建議的練習更好的方法，請自在並放心地與輔導老師或其他成人討論針對練習做出某種程度的修改。要有創意，同時信任你的直覺，感覺什麼對你來說是好的，什麼是不好的。

在完成練習的過程中，有時候會要求你畫畫。許多人讀到「畫畫」兩個字就心生膽怯，認爲自己不擅長藝術，可能會因自己的嘗試而感到尷尬。對此，請覺知到：畫出你的答案，方法沒有對錯之分。在這本書中，畫畫的目的只是要引導你更加了解你自己和你的焦慮。

這些練習有一個共同點，那就是：如果你只執行一次，它們是沒有幫助的。書中的練習是一項工具，旨在讓你隨身攜帶，一輩子重複使用。你越常練習使用這些工具，管理焦慮的能力就會越強。

在跨步邁向平靜的道路上，要設法對自己有耐心。你可能需要時間才能找到你的答案，但是請放心，答案就在那裡！只要持續走在這條路上，你一定會找到的。

第1課 什麼是焦慮？

焦慮是一種常見的感覺，通常被描述成「侷促不安」或「憂慮恐懼」。每個人或遲或早都會體驗到焦慮，而它是高度可治療且可管理的。

焦慮的感覺曾被人們用許多不同的詞彙描述過。以下是其中幾個：

壓力	急躁	憂慮	坐立難安
擔心	膽顫心驚	神經質	發顫
恐懼	七上八下	侷促	快被逼瘋了
恐慌	不安	躁動	煩憂

雖然每個人都體驗過焦慮，但有些人體驗得比較頻繁，有些人比較深刻，有些人不是那麼的頻繁，另有些人則是不那麼的強烈。你自己的焦慮經驗取決於：

1. 基因遺傳：你的父母、祖父母和外祖父母、祖先們如何體驗焦慮。
2. 腦部化學作用：在你的腦子裡運作的化學物質類型、數量和動靜。
3. 人生事件：你在人生中面對的情境。
4. 人格個性：你如何看待和詮釋發生在你身上的事。

基因遺傳、腦部化學作用和人生事件是你幾乎無法或完全無法控制的因素。你的人格個性或是你對人生事件的感知和處理方式，則是某樣你有大量掌控權的東西（能掌控的程度很可能大過你所領悟到的）。因此，本書中的大部分課程將會聚焦在與你的人格個性合作，藉此幫助你了解自己如何看待和回應人生，同時建議可行的方法，協助你降低焦慮水平。

先試試看

你最親近的長輩是你的母親、父親、祖父母和外祖父母、曾祖父母和外曾祖父母。面對面、透過電話或是以書寫的方式，盡可能多訪談這些人。詢問他們下述問題，並將他們的答案記錄在不同的紙張上。

1. **你會用下述哪些詞彙來描述焦慮？（讀出第8頁列出的詞彙，或是把那些詞彙拿給他們看。）**

2. **你會說自己是個高度焦慮、中度焦慮、還是很少焦慮的人？為什麼你這麼描述自己？**

3. **請解釋一下你如何在身體上、頭腦上、情緒上體驗到焦慮感。**

4. **請解釋一下當你感覺到焦慮時，你會做些什麼來管理焦慮。**

5. **請描述一下在你的一生中，你對焦慮的任何或所有回應可能發生過什麼樣的變化。**

現在詢問自己同樣這些問題，把你的答案記錄在這裡：

1. ______________________________

____

2. ______________________________

3.

4.

5.

進階練習

1. 回顧一下你的親屬訪談問題的答案。描述一下你在這些答案中看到的任何模式。

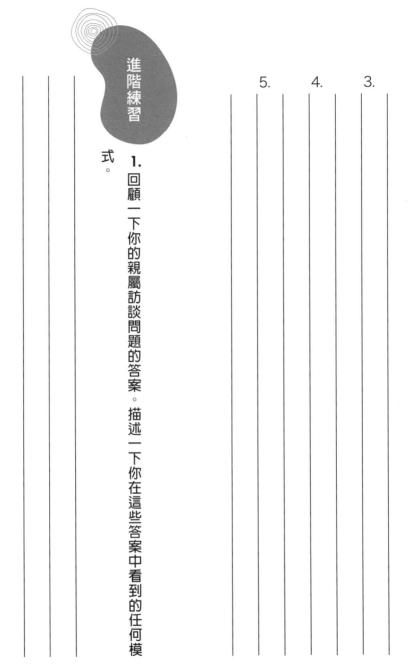

2. 親屬們的答案與你的答案相較起來如何呢？

3. 藉由了解親屬們，你是否更加了解自己與焦慮的關係？如果是，你了解到什麼呢？

第2課 焦慮的化學作用

我們的身體會釋放皮質醇（即壓力荷爾蒙），藉此回應焦慮的念頭。這個內建的生物反應稱為「戰鬥或逃跑反應」。

史前時期，人類面臨的挑戰與今天面臨的挑戰不同。舉個例子，史前人類面臨的一個共同挑戰可能是，早晨走出洞穴，發現自己與一頭巨大、飢餓的獅子相互對視。

人類的身體是被設定成能夠生存下去的神奇創作。當面對獅子之類的威脅時，人類的大腦會發出「威脅！」的信號，接著身體會做出回應，以閃電般的速度將腎上腺素之類的激素射入血液中。那促使身體立即變得更強健、更迅速，於是這個人可以要麼與獅子扭打（戰鬥），要麼以極快的速度逃離（逃跑）。當人類戰鬥或逃跑時，體力消耗會驅散那些激素，然後身體的化學物質會迅速回復正常。

在今天的世界，面對威脅時，我們的身體仍然會釋放壓力荷爾蒙。這樣的化學釋放會提高我們的血糖、心跳速率、血壓和脈搏跳動，減緩我們的消化作用，放大我們的瞳孔，使我們的呼吸變淺。雖然這些改變使我們準備好去因應迅速的行動，但我們通常並沒有採取行動，因此體內的激素便散不掉。當你盯著老師剛剛遞給你的歷史考卷然後發現一題也答不出來時，你可能會心生焦慮，但你的回應不可能是與歷史老師打一架或是逃離教室。當你坐在桌前「急得頭腦發昏」時，那份焦慮就持續積累。積累的焦慮使我們在面對情緒和身體問題時變得脆弱易感。若要保持健康，我們必須找到方法避開或驅散那些化學物質。

先試試看

在以下方框內畫一幅畫，描繪自己一大早站在臥房門口遇到的第一件事。在你的臥室門外，畫出或寫下你平日面對的所有挑戰，那些挑戰可能促使你的身體釋出壓力化學物質。

進階練習

1. 檢視一下你那幅描繪每日挑戰的畫作。按照那些挑戰使你感到焦慮的程度，依序將它們寫在這裡。先寫下使你感到最為焦慮的挑戰，最後寫下使你感到最不焦慮的挑戰。

2. 描述一下當你對上述的任何一件事感到焦慮時，你體驗到的身體症狀。

3. 無論我們感知到的威脅是內在的、外來的、真實的或想像的，身體都會發出戰鬥或逃跑反應化學物質。在你的畫作中，挑戰是：

內在的？

外來的？

真實的？

想像的？

4. 針對這些威脅中的任何一個，你的身體反應是戰鬥？還是逃跑？

5. 描述一下如果不戰鬥或逃跑，你如何反應。

6. 關於該如何釋放體內積累的壓力激素，請描述一下你有何實際可行的點子。

第3課 平靜已在你之內

> 許多人認為，平靜是某樣我們必須在自身之外尋求的東西，或是必須非常努力才能在自己裡面創造出來的東西。事實上，平靜是自然的存在狀態，早已在我們之內，它只是被我們吸收和聚焦的所有壓力和張力給遮蔽了。

著名的十四世紀藝術家米開朗基羅被問到，如何用一塊實心大理石創造出精緻且強而有力的大衛雕像。當時他回答，大衛已經在那塊石頭裡面了，他只是把多餘的部分鑿掉而已。就跟大衛雕像一樣，你的平靜已經在你裡面。你只需要一層層去掉目前遮住它的焦慮，就可以把平靜發掘出來。

每當你想到或老是想著某個有壓力的念頭時，你就遮蔽了自己的平靜。這個念頭破壞不了你的平靜，但卻可能使你忘記平靜——只要你持續想著那份焦慮。

先試試看

1. 用淺藍色或其他淺色蠟筆，為下方的浮雲圖片塗上深淺不同的陰影。雲朵代表你自然的平靜狀態。然後花幾分鐘安靜地坐著，緩緩地呼吸，看著那些祥和的雲朵，感覺那份深度的放鬆在你裡面。

2. 接下來用較深的顏色，寫下生活中令你焦慮的人物、情境或事物的名稱，用這些遮蔽住雲朵。只要想到讓你倍感壓力的事，就盡可能寫下來。

進階練習

1. 當你看著有漸層陰影的雲朵時，是否能夠感受到它們所代表的平靜呢？假使可以，寫下那是什麼感受。若是不行，說說看你認為是什麼阻礙了你去感受。

2. 你用有壓力的念頭和文字遮住了平靜的雲朵，說說看那是什麼感覺。

3. 當你選擇老是想著焦慮的念頭時，請想一想，你如何遮蔽了自己的自然放鬆狀態。描述一段時間，當時你記得自己感覺到平靜，但當你開始想著焦慮的念頭時，平靜的感覺便消失無蹤。

4. 在本週的其他時間，要覺察到你何時用緊張遮蔽了你的自然放鬆狀態。

第4課　練習預防和干預焦慮

有兩種方法可以針對管理焦慮下功夫。其一是練習「預防」，意思是你花時間定期操作放鬆技巧，將你的日常焦慮保持在低檔。其二是練習「干預」，意思是一旦你感覺到自己的焦慮水平上升，就執行某個放鬆技巧，幫助你冷靜下來，管理當時的情境。

有些人不了解爲什麼要在感覺到焦慮之前練習放鬆技巧。爲了幫助你理解爲什麼這是一個好點子，請想一想你的牙齒。你是否等到蛀牙了才開始刷牙呢？多數人每天刷牙，因爲刷牙有助於預防蛀牙形成。焦慮也是一樣。如果每天練習放鬆技巧，你便可以更好地預防焦慮形成。

你將在本書中學到的某些放鬆技巧，最好在你感到焦慮之前先用於預防，而某些則最好在你感到焦慮時用來干預。許多這些技巧在這兩種情況下均可使用。重要的是要記住，你越是練習作爲預防的技巧，就越能將這些技巧用在干預上。

先試試看

下述說法若描述的是預防性活動（在情境或事件發生之前），請在最上方寫上「P」（代表 prevention，預防）；若描述的是干預性活動（在情境或事件發生時），則在最上方寫上「I」（代表 invention，干預）。

____ 爲考試而念書

____ 在考試當下回憶資訊

____ 每天吃各類健康食品

____ 感冒時喝果汁

____ 猛踩剎車以避免車禍

____ 依行車速限開車

______ 將汽水罐放在茶杯墊上

______ 清掉茶几上的汽水罐拉環

______ 每天洗臉

______ 臉部冒出痘痘時貼上痘痘貼

______ 每週省下部分津貼或薪水

______ 需要額外的金錢時，請求父母貸款給你

______ 當油表讀數顯示為零時，替你的車子加油

______ 當油表讀數顯示為四分之一滿時，替你的車子加油

______ 買一條堅果燕麥棒放在背包中，以防肚子餓

______ 肚子餓時，在自動販賣機購買一條堅果燕麥棒

______ 在最後繳款日之前支付手機帳單

______ 等通訊服務被關閉才支付手機帳單

______ 打保齡球時戴護腕

______ 一週進行兩次手腕強化鍛鍊

進階練習

1. 請將你所不認同的信念重新改寫，將文字修改得更準確，以便能正確表達與反應你的個人信念。

(1)

(2)

(3)

2. 描述一下你在過去一週中已經完成可以被視為「干預」的三項活動。

(1)

(2)

(3)

3. 描述某個情境，當時如果你先練習過預防，干預的效果會更好。

4. 描述一下為了防止焦慮水平飆升過高，你完成過什麼活動。

5. 描述一下當你的焦慮水平飆得超高時，通常可以做些什麼來幫助自己。

第5課 你如何體驗焦慮

你體驗焦慮的方式可能不同於你的朋友或親戚體驗焦慮的方式。增加你的覺知，明白你如何體驗焦慮，可以幫助你管理焦慮。

三位青少年的經驗談

馬可斯、丹妮兒、愛蜜麗都體驗過「考試焦慮」。每當學校大考逼近時，他們就開始感到非常焦慮。儘管三人都有這樣的反應，但每一個均以不同的方式體驗焦慮。

大考前，馬可斯總是有幾個夜晚輾轉難眠。他發現自己很難睡著，因爲思緒紛飛，想著正在研讀的學科，惦記著設法記住的事實，思索著他認爲會考出來的問答題，無論他是否念得夠多，無論是否念對了教材。即使他終於睡著了，也經常醒來，而且時常夢見考試當天遲到或是完全不知道答案。

丹妮兒在考試前沒有睡眠問題，但她往往會腸胃「打結」。她食慾不振，因爲胃部的肌肉非常緊繃，那使她感覺不到飢餓。即使不餓，她還是必須強迫自己吃些簡餐或點心，因爲如果不吃，她會頭昏眼花。

愛蜜麗體驗到的考試焦慮是一種全面的神經質。她發現自己很難全神貫注，而且有一股不安感不斷向她襲來。她往往事情想到一半就不知想到哪兒去了，而且覺得膽顫心驚或煩躁。她注意到考試當天早晨，她的心臟似乎跳得有些快，而且呼吸比較淺。

體認到自己的焦慮幫助馬可斯、丹妮兒和愛蜜麗明白，當他們感覺到這些症狀時，正在發生什麼事。他們意識到自己對即將到來的考試神經緊張。他們越早注意到自己的反應，就可以越早練習放鬆技巧，幫助緩解這些症狀，使症狀不再惡化。如果他們沒有及早照顧好自己，馬可斯可能會考試考到一半睡著，丹妮兒可能會想不出答案，因爲腦子沒有得到足夠的營養，愛蜜麗可能會太容易分心以致無法在考試時間內完成作答。

先試試看

想一想你體驗焦慮的方式。在左圖中，在你感覺到焦慮症狀的身體部位寫下註記或做記號。用不同的顏色、結構、線條或陰影協助你更精確地表達你的感受。

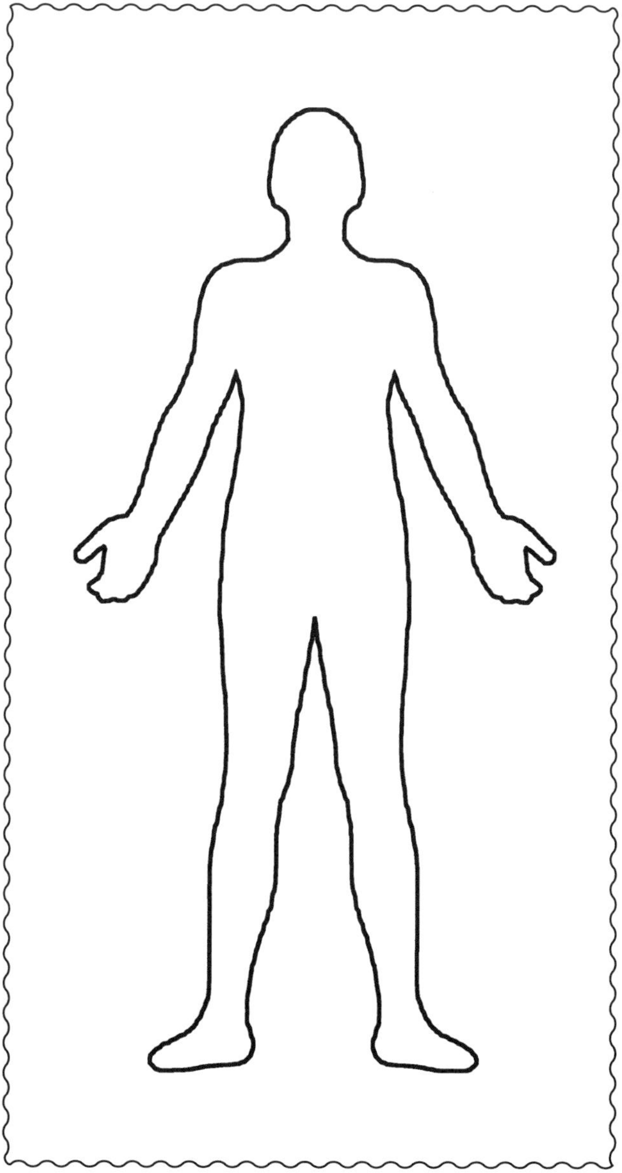

進階練習

你能夠記住對你來說焦慮感覺起來像什麼嗎？如果不行，請在接下來的一週，好好關注你如何體驗焦慮，等你有更多關於自己的資訊時，再重做一次這個練習。

1. 試著在上頁這張圖畫中顯示你的感受，感覺如何呢？

2. 再次回顧你的身體輪廓，關於如何體驗焦慮，你的想法和感受是什麼？

3. 根據這張圖畫，你在哪裡感覺到最強的焦慮？如何感覺到？

4. 在症狀首次出現時注意到它，你認為可能對你有何幫助？

第6課 覺察你的焦慮模式

當你理解到觸發內在焦慮感的念頭和情境時，就可以更好地幫助自己預防和管理焦慮。一份行為日誌可以幫助你了解自己的焦慮模式。

亞歷克斯的經驗談

亞歷克斯以前常形容自己是個神經質的人。他覺得自己比多數人焦慮，這使他變得非常害羞。他總是擔心自己在緊張時會說些蠢話或做些使他看起來很愚蠢或讓別人嘲笑他的事。他認爲自己始終必須有所戒備，才能避免做出尷尬的事或說出尷尬的話。只有在與少數幾個人相處時，他才覺得自在，可以做自己。亞歷克斯希望能夠更放鬆地結識更多人，但不知道該怎麼做。

他的輔導老師不確定亞歷克斯的神經質是否像亞歷克斯感覺到的那麼嚴重。她要求亞歷克斯嘗試記錄行爲日誌，讓亞歷克斯可以覺察到他體驗到焦慮的時間和情境。亞歷克斯的部分日誌呈現在左邊。亞歷克斯驚訝地領悟到，只有在與某些人（通常是他認爲比自己聰明的同儕）相處的某些情境下，他才會高度焦慮。他同時也體悟到有許多時候他覺得自信滿滿，那主要是跟成年人相處時，但也可能是跟他覺得智力與他相當的同儕在一起時。這樣的全新認知，使他有勇氣更好地處理他確實感到焦慮的時候，也讓他有勇氣冒著小小的風險去結識新朋友。

亞歷克斯的行為日誌

日期	時間	情境	我在想什麼	我的焦慮水平
週六	6 p.m.	父母的朋友來我們家，我跟他們見面，並聊了15分鐘。	這些人很好，很容易聊起來。	低
週日	2 p.m.	和我爸一起打棒球。遇見幾個我在學校認識的朋友，我們聊了5分鐘。	這些朋友跟我同在學生會。我很訝異他們過來跟我打招呼。也許他們喜歡我。	中

日期	時間	情境	我在想什麼	我的焦慮水平
週一	4 p.m.	放學後看管我弟弟。協助他和他的朋友們練習揮棒。	這些小孩很可愛。我知道的比他們多得多。	低
週二	11 a.m.	化學課分成小組作業。	每一個人都比我更了解這東西。他們八成認為我很笨。	高
週四	3 p.m.	在公車上，和學校裡最聰明的孩子內森坐在一起。	如果我張嘴說些什麼，聽起來一定會很愚蠢。我最好就坐在這裡，凝視窗外。	高
週五	7 p.m.	在大衛家吃披薩。	我很高興大衛是我最好的朋友。他很風趣，而且我們喜歡同樣的東西。	低

先試試看

以下的行爲日誌讓你有空間可以記錄你感到焦慮時的觀察結果。可根據你的需要多複製幾個副本，用來記錄與你的焦慮感相關的資訊，時間至少持續一週。

我的行為日誌

姓名 ________ 第 ____ 週

日期	時間	情境	我在想什麼	我的焦慮水平

進階練習

填寫完一週的行爲日誌之後，請回答下述問題：

1. 記錄這份日誌，好好關注你的焦慮感，那感覺像什麼呢？

2. 記錄行為日誌使你或多或少感到焦慮嗎？為什麼？

3. 回顧一下你的行為日誌，描述你隨著時間推移所注意到的任何模式。

4. 描述一下因為記錄這份日誌，你又多了解自己一些什麼呢？

5. 你如何使用這份日誌來幫助你了解和管理自己的焦慮感？

第7課 擁有超讚的態度

你認為應該要擁有超讚的態度嗎？如果答案是肯定的，那麼你已經知道如何使用一套超讚的焦慮管理工具。你的念頭創造出你的人生體驗。你的態度或是對人事物的思考方式，是幫助你預防和管理焦慮感的最強大工具之一。由於你是唯一操控你的念頭的人，因此，你時時刻刻都有能力為自己創造平靜的體驗或焦慮的體驗。

特里斯坦和喬恩的經驗談

特里斯坦和喬恩忙著爲參加學校的大型越野競賽做訓練。他們決定週六中午在室內運動場碰頭，跑十六公里，穿越周遭社區。結果週六是那年夏天最炎熱、最潮濕的一天。兩個男孩安排好路線，然後出發。跑了大約三分之一時，兩人都確實感覺到天氣十分炎熱，但他們不想停下來，因爲他們需要這樣好好訓練。他們繼續跑，隨著每一個步伐，感覺到越來越熱，越來越渴。跑了三分之二時，他們倆不管是誰，都只想喝一杯清涼的水。終於跑到最後那一段路時，他們感受到前所未有的炎熱，衣服被汗水浸透了。一跑到學校，兩人就直奔飲水機，卻發現飲水機沒反應，完全沒有飲用水，除了一只半滿的水瓶立在飲水機旁邊。那是他們開始跑步前，特里斯坦留在那裡的。兩個男孩都盯著同一只水瓶，但兩人做出了不同的反應。

特里斯坦說：「天哪！眞高興我把這個水瓶留在這裡！雖然只有半滿，但總比沒有好！哇，我們很幸運有半瓶水可喝！」特里斯坦的態度使他感覺到平靜。

喬恩盯著同樣一只水瓶說：「哦，不！眞不敢相信我們只有這個！太糟糕了！我自己就可以喝掉滿滿的十瓶水，而現在我們卻只有半瓶。」喬恩的態度使他感覺到焦慮。

兩個男孩都置身在同一個情境裡，但分別以迥異的方式體驗情境。這與情境本身無關。他們的體驗來自個別的內在，也就是來自他們的態度。

先試試看

以下的每一組圖片中，兩個年輕人都置身在同樣的情境裡，但從他們臉上的表情可以看出兩人正以不同的方式體驗情境。請在圖片下方，寫下每一個人可能在想些什麼，那些想法正造成個別不同的感受。

雖然沒能扮演劇中主角，但你可以演出合唱團裡的一個角色。

雖然沒能扮演劇中主角，但你可以演出合唱團裡的一個角色。

進階練習

1. 描述某一個近況，你在其中體驗到焦慮。

2. 說說看是你當時的什麼想法造成了這份焦慮。

3. 當時換個什麼樣的想法，你就可以改而創造出平靜的體驗？

4. 描述某一個近況，你在其中體驗到平靜。

5. 說說看是你當時的什麼想法促使你感覺到平靜。

6. 當時換個什麼樣的想法，你就可以改而製造出焦慮的體驗？

7. 讀一遍你剛才寫下的兩種情境。可能的話，與另外一個人分享。想一想，討論一下，你的態度帶來的超讚力量可以如何影響你體驗人生。

8. 在接下來的日子裡，請注意你對發生的任何事的態度如何影響你的焦慮水平。

第8課 擔心會使你更焦慮

人們擔心那些讓自己感到焦慮的事，這很常見。然而，花在擔心上的所有時間和精力其實是被浪費掉了。當你試圖藉由擔心來緩和焦慮時，你的所作所為只是促使焦慮變得更加強烈。

多數人並不了解他們爲什麼擔心，他們認爲擔心是某樣憑空發生的事。或者他們表示，他們「必須」擔心些什麼。當然，事實並非如此。通常我們之所以開始擔心，是因爲我們對某個情境感到焦慮，於是想要採取行動，設法防止負面的後果發生。如果是一個我們幾乎無法控制或壓根無法掌控的情境，那麼我們能做的事實在不多。無能爲力帶出了無助感，從而引發擔心。擔心是我們可以做的事。擔心時，我們可能會覺得自己正在做些設法掌控局面的事。

人們已經擔心了好幾個世紀，但擔心從不曾對情境的結果產生正面的影響。如果有什麼方式可以讓擔心幫助你減輕焦慮，那麼接下來有一個練習會教你如何擔心，並建議你勤加練習，以作爲預防和干預之道。

擔心所做的是榨乾你，包括情緒上和身體上，那將使你的處境變得更糟，因爲你更沒有能量來處理正在發生的不管什麼事。然後，你的焦慮水平再次上升，因爲你感到更加的無助。

先試試看

1. 根據下述等級為你目前的焦慮水平評分。

0	1	2	3	4	5	6	7	8	9	10
完全平靜					中等焦慮					高度焦慮

2. 現在想一個目前會為你帶來焦慮感的情境。將計時器設定為五分鐘，或是密切注意時鐘。花接下來的五分鐘擔心這個情境。利用你所有的擔心技巧和過去的擔心經驗，盡最大努力

去擔心。想想這個情境可能產生的所有負面狀況。盡可能地將情緒和身體的能量投入擔心之中。想像一下，有人會幫你評分，看你可以擔心到什麼程度，然後嘗試努力擔心，擔心到足以得到A+的成績。

五分鐘到了，再次根據下述等級為你的焦慮水平評分。

0	1	2	3	4	5	6	7	8	9	10
完全平靜					中等焦慮					高度焦慮

進階練習

1. 花五分鐘刻意努力地擔心某事是什麼感覺？

2. 如此刻意的擔心如何影響你的焦慮水平？

3. 當你如此努力擔心時，你的身體和頭腦會發生什麼事？

4. 描述一下你剛才所做的擔心，是否在任何方面對情境的結果產生正面的影響。

5. 描述一下你可以做些什麼事來取代擔心，那事可以提高生產力或幫助你感覺比較好些。

第9課 全有或全無的想法

全有或全無的想法會傾向以極端或「非黑即白」的方式評斷事物。那是無理性的，因為在現實中，事情絕不會完全這樣或完全那樣。以這樣的方式評斷自己會提高你的焦慮水平。你總是害怕如果沒有臻至完美（某一個極端），你就會徹底失敗（另一個極端）。

麥克斯的經驗談

麥克斯通常是成績全A的學生。他認爲自己非常聰明，所以若他的考卷或作業上出現一個B，他就會覺得：「我現在是徹底的失敗者。」他也認爲自己擁有卓越的領導才能，但在副班長選舉中失利時，他卻告訴自己：「我現在一文不值。」麥克斯主辦班級野餐會，而漢堡麵包不夠，當時麥克斯說：「我是個沒用的規劃者。」

這種全有或全無的想法，導致麥克斯在承擔任何任務之前感到很焦慮，因爲他總是害怕無法臻至完美（某一個極端），於是必須給自己貼上「失敗者」的標籤（另一個極端）。

先試試看

生命中沒有什麼東西是完全在某一個極端（黑色）或另外一個極端（白色）的。真實的人物和情境是由不同比例的負面和正面混合而成。現實存在於黑與白之間的灰色地帶。

下頁方框顯示，在黑與白兩個極端之間存在著大片的灰色區域。請為列出的每一個類別加上一個標記，以顯示你自己的實際體驗落在哪一個位置。

成績

我得到有史以來最低的成績

我得到完美的成績

朋友

我是個十分自私的朋友

我始終是個十分慷慨的朋友

家人

我是個可惡的家人

我始終是個十分有愛的家人

才華

我沒有任何技能或天賦

我天賦異稟，樣樣精通

態度

我的態度差勁至極

我始終十分正向、樂觀

進階練習

1. 描述一下，評定你在這些類別中灰色區域的哪一個位置，感覺像什麼。

2. 在哪些類別中最難評定自己是在灰色區域，而評定自己是在黑色或白色極端反倒比較容易？你為什麼選擇那些類別呢？

3. 捨棄全有或全無的想法，以比較實際可行的角度看待事物，你認為可能會有什麼困難？

4. 重寫麥克斯告訴自己的全有或全無陳述句，換成符合現實的灰色區域陳述句：

「我現在是徹底的失敗者。」______

「我現在一文不值。」______

「我是個沒用的規劃者。」______

5. 找出三個你曾經對自己做過全有或全無陳述的實例，寫下來。然後將這些重寫一遍，換成符合現實的灰色區域陳述句。

(1)______

(2)______

(3)______

(1)______

(2)______

(3)

6. 說說看以上這些陳述句，哪一句使你感到最為焦慮，為什麼。

第10課　過度以偏概全

當人們過度以偏概全時，就會想當然耳地認為，因為過去曾經有過一次負面的體驗，所以未來一定會再經歷同樣的負面體驗——即使並沒有證據可以證明會這樣。每當這些人遇到過去曾經歷過的負面情境時（即使只出現過一次），這樣的假設就會提高他們的焦慮水平。過於以偏概全的人經常會使用「總是」、「絕不」、「沒有人」、「人人」、「全部」、「全無」之類的字眼。

蘿倫的經驗談

蘿倫詢問心儀的男孩可否一起參加學校舞會，對方拒絕了。蘿倫心想：「永遠沒有人想要跟我約會；我總是被拒絕。」每當她跟喜歡的男孩在一起時，就開始感到焦慮。

蘿倫在學校餐廳失手掉了午餐餐盤，這事以前從沒發生過，她告訴自己：「這一點兒也不意外，我就是笨手笨腳，總是製造事故。」蘿倫變得對倒掉食物和菜肴感到神經緊張，就連在家清理餐桌也不例外。

蘿倫第一次當臨時保母時，那個寶寶耳朵痛，哭個不停。蘿倫告訴自己：「我永遠跟孩子處不來；我以後一定是個糟糕的母親。」當別人再次要她去當臨時保母時，單單想到，她就整個人緊張起來，於是拒絕了那份工作。

種種這些過分以偏概全的想法，導致蘿倫只要遇到過去曾體驗到的不完美情況，焦慮水平便立即飆升。

先試試看

下頁圖中的小朋友正在體驗負面經歷。孩子可能對自己的處境做出一句過度以偏概全、喚起焦慮水平的陳述，把那句話寫在每一張圖的旁邊。請用「總是」、「絕不」、「沒有人」、「人人」、「全部」、「全無」之類的字眼。然後寫出一句比較實際可行、可以降低焦慮水平的陳述句。

1a. ______________________________

____

____

1b. ______________________________

____

____

2a. ______________________________

____

____

2b. ______________________________

____

____

3a. ______________________________

____

____

3b. ______________________________

____

____

進階練習

1. 接下來幾天，請在此處記錄你用「總是」、「絕不」、「沒有人」、「人人」、「全部」、「全無」之類的字眼做出的任何陳述。描述一下你是在什麼樣的情境裡做出每一句陳述的。

2. 回顧你寫下的內容。描述一下在你過於以偏概全的主題區或情境裡，你注意到的任何模式。

3. 現在重寫這些陳述句，用比較精確的字眼換掉那些過度以偏概全的詞彙。

4. 大聲朗讀兩組句子給你自己聽，邊讀邊注意你的焦慮水平。注意哪些陳述句使你感到比較焦慮。

第11課 讓「我應該……」變得實際可行

每個人都不完美，包括你。所謂完美，本質上是不可能的。你不過是凡夫俗子，犯錯在所難免。只要你活著的一天，就會持續不斷地犯錯。但犯錯與你這個人存在的價值毫無關聯。

布蘭登的經驗談

布蘭登經常焦慮，因爲他的許多念頭都用到「應該」這個詞。搭公車上學時，他心想：「我應該利用這段時間讀書。」參加棋藝社的聚會時，他心想：「我應該參加某個體育社。那一定酷多了。」當自行車的鏈條壞了，不知道該如何修理時，他心想：「我應該要更能幹，知道如何自己修理這東西。」當他因爲去看棒球比賽，沒有好好複習考試範圍，以致數學成績不及格時，他心想：「我應該更用功準備這次考試的。」

布蘭登的輔導老師協助他更周延地思考他的「應該」陳述句，看看這些「應該」是否實際可行或重要到什麼程度。以下是布蘭登在他的念頭中發現到的：

- **「我應該利用這段時間讀書。」**

  我每天晚上花幾個小時做作業。我的成績很好。就實際情況而言，如果把清醒的時刻都花在讀書上，我很快就會身心耗竭。在公車上讓頭腦休息一下，或許是比較健康的。

- **「我應該參加某個體育社。那一定酷多了。」**

  有些孩子認爲體育比棋藝酷，但我實在不太愛運動，我眞的喜歡西洋棋。我不太擅長運動，我專精西洋棋。我寧可在棋藝社玩得開心，也不願只因爲某些孩子的想法而在體育社裡悲慘痛苦。不管怎樣，我眞正的朋友都喜歡我。

- **「我應該要更能幹，知道如何自己修理這東西。」**

  當我無法做到某事時，我往往看不起自己。但我擅長許多事啊。我不可能知道每一件事該怎麼做。修理自行車是我可以找人幫忙的事。

- **「我應該更用功準備這次考試的。」**

  這個想法非常實際可行。我沒有明智地利用自己的時間，如果花更多時間好好複習考試範圍，我的表現可以好上許多。

先試試看

列出你自己的「應該」陳述句。每次寫完一句陳述句，就寫出更多的細節，說明這些陳述句是否實際可行或重要到什麼程度。

進階練習

1. 說一說你的「應該」陳述句與布蘭登的「應該」陳述句有何類似或不同。

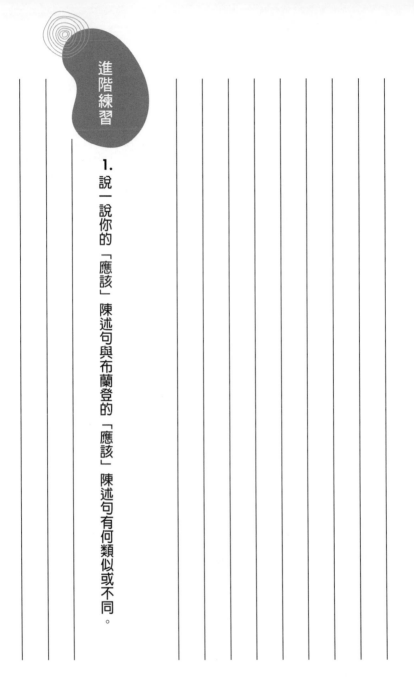

2. 說一說你大部分的「應該」陳述句來自於哪裡，為什麼你這麼認為。

3. 說一說哪一個「應該」陳述句最容易提高你的焦慮水平，以及為什麼。

4. 回到你列出的陳述句，刪除任何不切實際或不重要的「應該」陳述句。在實際可行或重要的陳述句旁邊打一個星號。選擇一個陳述句，用心改變一下，在接下來一週做出有意識的努力，完成這件事。

第12課 思考中斷法

「思考中斷法」是一種技巧，可以幫助你放掉使你感到焦慮的念頭，轉而將那些念頭轉變成幫助你感到平靜的念頭。

凱特琳的經驗談

凱特琳很擔心她父親。父親的新工作必須經常旅行，搭飛機的次數是以前的兩倍。凱特琳一直有點害怕飛行，現在她發現自己會在半夜醒來，記掛著爸爸的安危。她的念頭喚起了她的焦慮水平，於是很難回頭再睡。她還發現在她應該要全神貫注於功課、與朋友交談或看電視時，她仍惦記著與爸爸有關的焦慮念頭。

她的焦慮念頭如影隨行，干擾了她的生活。

一天晚上，凱特琳在雜誌上讀到一篇探討如何管理焦慮的文章，文章給出了下述指令，幫助中止產生焦慮的念頭：

思考中斷法的五個步驟

1. 注意你正在升起一個引發焦慮的念頭。
2. 選擇一個方法，立即且強力地告訴自己要「停止」這個念頭。點子包括：大聲說出「停！」或是在心中默念「停！」；想像一個明亮的紅色停車標誌；想像你自己將一手伸向前，比出「停」的手勢；在手腕上套一條淺色橡皮筋，輕拉一下，讓橡皮筋彈一下你的手；快速搖頭，彷彿你用身體甩掉了那個念頭。
3. 有覺知地將那個焦慮念頭換成一個平靜的念頭。你可以事先規劃好你的平靜念頭，以方便隨時採用。

4. 將你的平靜念頭大聲說出來，或是在心中默念。

5. 不斷讓頭腦聚焦在你的平靜念頭上，直到焦慮的念頭完全消失為止。

凱特琳嘗試了這個思考中斷法，發現經過一番練習後，這個方法開始對她產生幫助。每當她發現自己升起與父親有關的焦慮念頭時，她立馬告訴自己要「停」下來。然後她有覺知地將她的焦慮念頭轉換成夏天在沙灘上遛狗的念頭，那使她可以放鬆下來並微笑。當她中斷了她的焦慮念頭時，焦慮感也就隨之止息了。

先試試看

1. 下述哪些事可能帶出你的焦慮念頭，把它們圈出來：

學校考試
認識新朋友
與父母談話
你的未來展望
跟其他小朋友說話
父母的婚姻
你的相貌
你的成績單
你的家庭
你的性能量
課堂報告
宗教

在他人面前演出
請求與某人約會
特定的某堂課
你的運動技能
暴力或戰爭
金錢
人們喜不喜歡你
你的兄弟姊妹
你的身體
你的安全
家庭作業
疾病

2. 列出你已然升起或經常與之奮戰的其他焦慮念頭。

3. 你可能會使用下述哪些點子立即且強力地告訴自己要「停」下來，把它們圈出來。

4. 若有其他可以練習告訴自己要停下來的點子，請寫下來。

5. 你可能會用下述哪些句子或點子當作平靜的念頭，用來換掉焦慮的念頭，把它們圈出來：

「我有自信。」

「我平靜而放鬆。」

「我與朋友們一同歡笑。」

撫摸我的貓

聽音樂

跑步

觀賞飄浮的白雲

健身鍛鍊

看電影

度假

「我躺在沙灘上。」

「我充滿平靜。」

觀賞落日

打盹兒

欣賞湖面的波浪

閱讀

抬頭仰望星光燦爛的夜空

山中健行

與摯友在一起

晚睡

玩音樂　　露營

釣魚　　與男友／女友在一起

6. 寫下所有可能使你感到平靜的其他念頭。能使你平靜的點子，可能跟能使另一個人平靜的點子不同，因此要好好思考什麼因素能使你感到放鬆。

---

7. 當你感到焦慮時，請嘗試在接下來的幾天使用這套五步驟思考中斷法。如果某個念頭或畫面效果不彰，就換一個，直至找到最適合你的念頭或畫面為止。

進階練習

1. 有時候很難識別引起焦慮感的念頭。描述一下某個情境，你在其中感到焦慮，而且無法識別是什麼念頭導致你的焦慮。

2. 為了幫助你發現自己的焦慮念頭，你可以嘗試下述方法：

反問自己：「如果我確實知道我的焦慮念頭是什麼，那會是什麼呢？」在此寫下你的猜測。

請你信任的某人幫助你釐清你的焦慮念頭。在此寫下你的猜測。

3. 描述一下在思考中斷法的第二步驟中，哪一個方法對你最有效。

4. 寫下對你最有效的平靜念頭。

5. 即使你已經使用了思考中斷法，焦慮的念頭還是時常回來，就表示這些念頭很頑固，可能需要一遍又一遍地被制止。當發生那樣的情況時，只要視需要，持續使用平靜的念頭取代焦慮的念頭，即可中斷焦慮。

6. 你最頑固的焦慮念頭是什麼呢？

第13課 「可能發生的最糟情況是什麼？」

當你感到焦慮時，可以使用「可能發生的最糟情況是什麼？」這個問題來幫助減輕焦慮。

克里斯的經驗談

克里斯無法決定是否應該參加籃球隊選拔賽。他其實很想加入籃球隊，但一想到要參加選拔賽，就使他的焦慮水平升高到他不知道自己能否通過這樣的考驗。

克里斯的爸爸告訴克里斯，要他反問自己，如果參加選拔賽，可能發生的最糟情況是什麼。

克里斯說：「選拔賽期間，最糟的事就是投出的每一球都沒有命中。」

「我們應該想一想，發生最糟情況的機率有多大。」爸爸說。

他們知道克里斯是一位非常出色的籃球員，他的投籃能力甚至超過傳球或運球。在學校裡，在車道投籃時，他通常可達成90%的上籃成功率。如果由於壓力，他在選拔賽的表現差了10%，那麼也還有80%的上籃成功率，所以絕不會幾乎每一球都沒命中。

然後克里斯的爸爸問說，如果到時情況與那些極高的機率相反，也就是克里斯投出的每一球真的都沒有命中，那會怎麼樣？克里斯要如何應對這樣的情況？克里斯表示，他會覺得很尷尬。然後他猜想，他八成會回家，照常吃晚飯、做功課、看電視。他或許會感到失望或沮喪一段時間，但最終他會忘記，然後繼續過生活。明年他會再度參加選拔賽。

依實際狀況想一想可能發生的最糟情況，有助於降低克里斯的焦慮水平。他領悟到，首先，發生最糟情況的機率非常小；其次，如果最糟情況真的發生了，他也應付得來。於是，克里斯感覺到自己平靜的程度足以讓他決定參加籃球隊選拔賽。

先試試看

1. 在接下來的每一個方框中畫一幅畫，或是寫下某件你一想到要去執行就感到非常焦慮的事。在畫作或文字底下，寫下如果做了那件事，你認為可能發生的最糟情況是什麼。接下來，依實際狀況描述一下發生這個最糟情況的機率，圈出那個百分比。最後，描述一下如果最糟情況真的發生時，你會怎麼做。

2. 如果我做這件事，可能發生的最糟情況是：

3. 那個最糟情況實際發生的機率是：

10% 20% 30% 40% 50% 60% 70% 80% 90% 100%

4. 如果最糟情況真的發生了，我會：

5. 如果我做這件事，可能發生的最糟情況是：

6. 那個最糟情況實際發生的機率是：

10% 20% 30% 40% 50% 60% 70% 80% 90% 100%

7. 如果最糟情況真的發生了，我會：

進階練習

1. 描述一下第一次考慮去執行你畫出或寫下的每一件事情時，你的焦慮水平有多高。

2. 你已經依實際狀況想過可能發生的最糟情況，現在描述一下你的焦慮水平落在哪裡。

3. 你認為你對發生最糟情況的恐懼，通常符不符合實際狀況呢？為什麼？

4. 說一說既然已經想過可能發生的最糟情況，為什麼你可能會或可能不會冒險嘗試去做其中任何一件事。

5. 如果最糟情況真的發生了，有什麼技巧可以幫助你應對每一種情境？

第14課 分析你因焦慮而付出或得到什麼

這個活動可以幫助你細想，你的信念如何影響你的焦慮水平和你的人生。一旦你了解這點，就可以選擇到底是要緊緊抓住那些信念，還是要改變它們。

安德莉亞的經驗談

橄欖球賽結束後的每週五晚上，安德莉亞的學校會在室內運動場舉辦非正式舞會。安德莉亞的每一個朋友都參加了這些舞會，安德莉亞也想去，但她不會去。第一次參加舞會時，她非常焦慮，焦慮到擔心自己會肚子不舒服。那情景多尷尬啊，她被嚇壞了。那次以後，安德莉亞就害怕再去參加舞會。結果，每逢週五晚上她反而坐在家裡，跟朋友們說她必須在家當保母，或是她覺得不舒服，或是她功課太多，或是爸媽不讓她出門。

安德莉亞讀了一本管理焦慮的書，找到了一個練習，探討緊緊抓住個人信念的成本和效益。她嘗試將這個練習套用到自己的處境中，於是在空白處填入了如下所示的答案。

成本效益分析

1. 寫下你想要改變的信念。

我無法參加舞會，因爲我很焦慮，焦慮到認爲我一定會不舒服。

2. 列出相信這個信念的每一個優點（效益）。

- 如果不去，我就不必爲了「好看」而嘗試打扮。
- 如果沒有人想要和我跳舞，我就不必冒著被拒絕的風險。
- 我不必設法找話題跟不太熟識的人攀談。

3. 承認有充分的理由要保有這個信念。

我實在不喜歡應付這些事。如果我因爲相信自己可能會生病而不去參加舞會，那我就不必面對對我來說有困難的事。

4. 列出相信這個信念的每一個缺點（成本）。

- 每一個朋友都在舞會上，而我坐在家裡，覺得很寂寞。
- 週一到校後，大家都在談論那場舞會，我覺得被冷落了。
- 我爲自己難過，因爲我做不到其他每一個人都做到的事。
- 當我不那麼焦慮時，我很享受跳舞，而且想念跳舞。
- 我錯失了其他每一個人都在享受的樂趣。
- 有人問我爲什麼從不參加舞會時，我討厭不得不編造藉口。

5. 兩方加總。

優點：3

缺點：6

6. 如果緊抓著這個信念有某個優點，那就想一想有什麼方法可以在不高度焦慮的情況下擁有那個優點。

我想我可以不那麼擔心自己的外表。我可以打扮得漂亮好看，然後忘掉那件事。我也可以忘掉有人邀我跳舞那回事。我知道，只要願意，我可以和我的女性友人們跳舞。我可以只是想著享受跟她們在一起的時光，享受會場的音樂。我也可以只打算和我的閨密們在一起，不必和不太熟識的人交談。

7. 確認你希望擁有的信念。

參加舞會略微加重了我的焦慮感，但我知道一旦到達會場，我會玩得很開心。

先試試看

對某個喚起你焦慮的信念進行成本效益分析，將你的答案寫下來。

1. 寫下一個你想要改變的信念。

2. 列出相信這個信念的每一個優點（效益）。

3. 承認有充分理由要保有這個信念。

4. 列出相信這個信念的每一個缺點（成本）。

5. 兩方加總：優點＿＿＿＿ 缺點＿＿＿＿

6. 如果緊抓著這個信念有某個優點，那就想一想有什麼方法可以在不高度焦慮的情況下擁有那個優點。

7. 確認你希望擁有的信念。

進階練習

1. 你所寫下的信念，第一次是如何產生的？

2. 你很高興能保有這個信念嗎？為什麼高興或是為什麼不高興？

3. 如果你停止保有這個信念，你認為你的人生可能會有什麼樣的改變？

4. 當你考慮放掉這個信念時，感覺如何？

5. 你從填寫這份成本效益分析表當中學到了什麼？

6. 為了放掉或改變這個信念，你可能必須採取哪幾個步驟？

7. 你還有什麼其他信念想要改變呢？

第15課 善用鉛筆上的橡皮擦

完美主義是一種思維方式，往往會提高我們的焦慮水平。因為不管是誰，都不可能達到十全十美，因此，你越是努力臻至完美，最終將因為屢屢達不到目標而倍感焦慮。

邁可的經驗談

邁可是好學生、優秀的棒球員、出色的音樂家和很好的朋友。學校的許多孩子都喜歡邁可，他跟父母、弟弟也相處融洽。從外在看，無疑邁可有許多事情可以開心。但邁可並不快樂，他一直感到焦慮。儘管邁可的成績幾乎全拿A，但他並不是全年級第一名。儘管他的棒球打得好，但有時候還是會被三振出局。儘管他是出色的鼓手，且加入學校樂團，但他的表現並不如自己的預期。不論邁可取得多大的成就，他還是不停犯錯，而那令他充滿焦慮。他開始幾乎每天頭痛，母親便帶他去看醫生。

醫生找不出邁可身體上有什麼問題，於是問邁可，生活過得怎麼樣。邁可承認自己過得很辛苦。他始終很焦慮，非常用力地催逼自己，但始終達不到完美。醫生從看診桌上拿起一枝鉛筆，問邁可，他在鉛筆末端看見了什麼。邁可回答：「橡皮擦。」

「對，」醫生說：「你知道嗎？橡皮是自然而然就嵌在鉛筆上的，因爲有人假設，凡是用鉛筆的人，都會在某個時間犯錯。」醫生指出，帶有橡皮擦的鉛筆不僅被賣給某些人，而且是被賣給每一個人。在店裡結帳時，沒有人會被問到：「你常犯錯嗎？如果是，你必須購買有橡皮擦的鉛筆；如果不是，你可以購買沒有橡皮擦的鉛筆。」

醫生告訴邁可，有橡皮擦的鉛筆是莫大的提示，提醒大家，人類本就不完美。不論一個人有多聰明、多強壯、多有智慧或多麼的老練，在任何領域裡，古往今來，這些人都不是完美的，也不可能是完美的。他們還是需要鉛筆上的橡皮擦。他告訴邁可要記住，PENCIL（鉛筆）的字母縮寫，就是「完美主義者享受不到生命中的滿足」（**P**erfectionists **E**njoy **N**o **C**ontentment **I**n **L**ife）。

從那天起，邁可無論走到哪裡都隨身攜帶一枝鉛筆。他決定將他的目標從嘗試變得完美，改變成盡力而爲。他不再時時感到焦慮，他的頭痛消失了，他開始更懂得好好享受學校、棒球、音樂和家人。

先試試看

在每一組磅秤底下，寫下一件你設法要在人生中好好完成的事。在每一個完美磅秤上畫一個箭頭，指向某個數字，顯示你多麼努力設法完美地完成那件事。在每一個焦慮磅秤上畫一個箭頭，指向某個數字，顯示你因好好完成那件事而感覺到多麼的焦慮。

完美磅秤　焦慮磅秤

完美磅秤　焦慮磅秤

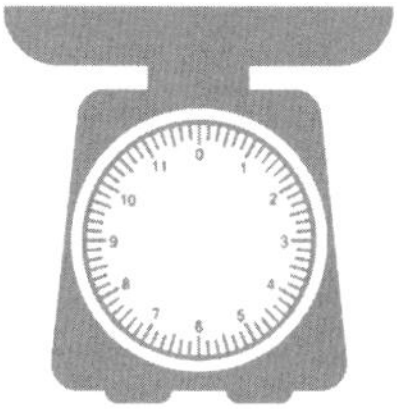

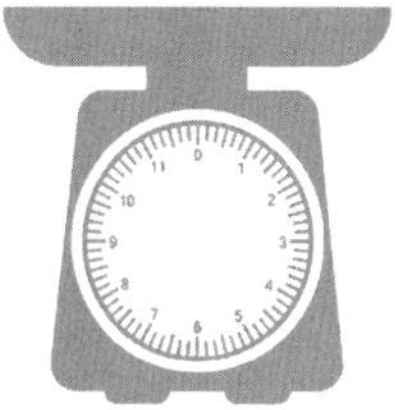

完美磅秤　焦慮磅秤

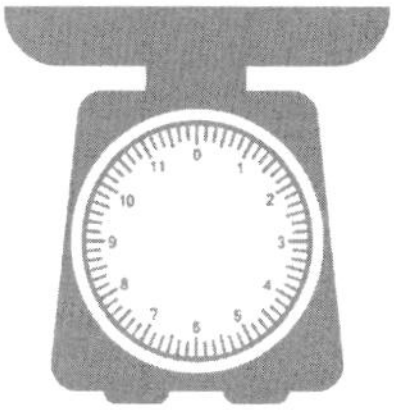

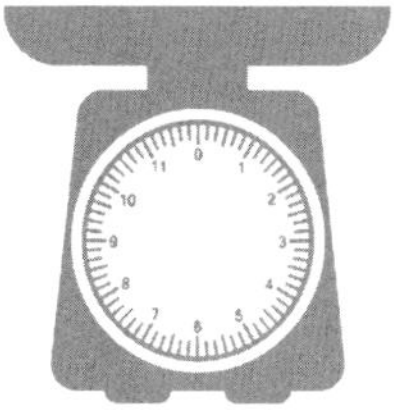

完美磅秤　焦慮磅秤

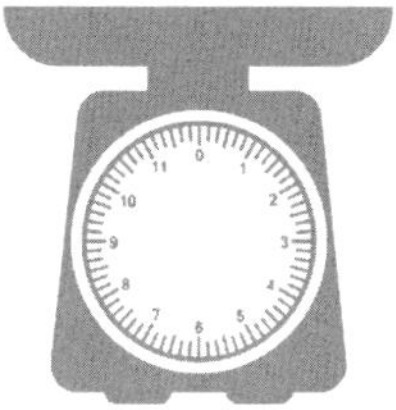

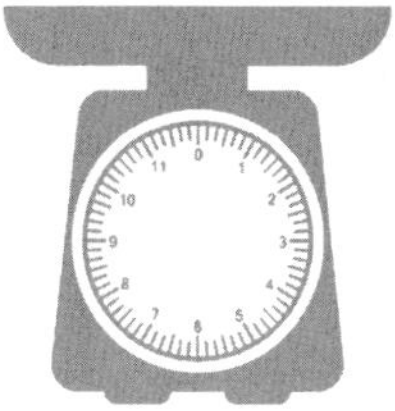

進階練習

1. 檢視一下你列出的活動。你曾經能夠完美地完成其中任何一項嗎？

□ 是　□ 否

2. 你是否認為如果繼續更努力再更努力，總有一天你一定會在這些事項上達到完美？

□ 是　□ 否

3. 檢視一下替你評分的磅秤。注意是哪些活動使你變得更加焦慮：是那些你設法完美地完成的活動嗎？還是那些你允許自己表現得不完美的活動？

如果你沒有設法完美地完成這些活動，你的焦慮水平會產生什麼樣的變化呢？

4. 人們時常認為如果設法把事情做得很完美，就是在完成一件更美好的事。實際上，情況恰恰相反。長期而言，完美主義者往往成就較少，因為他們無法完成任務、做出最終的決定。完美主義者耗費過多的時間在修正和琢磨「不可接受的部分」，反之，非完美主義者可以完成兩倍可接受的工作。

你能否想到某個時候，當時你設法完美地完成某事，實際上卻導致你做得更糟？如果情況是如此，在此描述一下那件事。

第16課　放手不掌控

人們想要掌控人生中發生的事，這很正常。但實際上，無論我們多麼努力，有許多事真的是我們無法掌控的。因為那是一項不可能的苦差事，所以試圖掌控每一件事和每一個人可能會提高你的焦慮水平。當你能夠放掉掌控一切的企圖時，你的焦慮水平就會降低。

麥特的經驗談

當一切按照麥特的規劃進行時，他感覺最好。他喜歡自己的人生井然有序，也喜歡照管自己的人生。只要他能夠掌控一切，情況就很不錯；但當意想不到的事情發生時，或是當人們沒有按照他希望的方式行事時，麥特就會非常焦慮。

一週，麥特過得比平時辛苦。他最好的朋友決定跟另一個朋友去看球賽，不跟麥特一起觀賞影片。英文老師不會多給他一天時間完成報告。一路送報下來，他得到的小費比原本預期的少了十美元。當這些他無法掌控的事情發生時，麥特覺得自己的整個人生彷彿正在分崩離析。

麥特的媽媽開車送他去學校時，注意到麥特似乎非常焦慮。麥特告訴媽媽發生了什麼事，以及他有多挫敗。他無法讓事情成爲他希望的那樣。麥特的媽媽告訴他，沒有一個人能夠掌控每一件事，那是無妨的。他會撐過去的。他需要設法放手不去掌控那些東西，將焦點放回到他可以掌控的事物上。

麥特試著採納媽媽的意見。當他開始因爲他的朋友、英文老師、小費感到焦慮時，他就設法提醒自己，這些東西不是他可以掌控的，但他是沒問題的。他找到了另外一位朋友在週五晚上一起出去玩，交出了他所能完成的最佳報告，對於自己沒有賺到原本計畫的那麼多錢也坦然接受。當他能夠放手時，他感覺到平靜許多。

先試試看

你對下述每一種情境有多少掌控力，圈出適合的答案：

我是否會在派對上玩得開心	完全無法掌控	有部分掌控力	可以完全掌控
學校裡的每一個人是否都會喜歡我	完全無法掌控	有部分掌控力	可以完全掌控
我是否會打破游泳隊的紀錄	完全無法掌控	有部分掌控力	可以完全掌控
我是否為某個考試努力用功	完全無法掌控	有部分掌控力	可以完全掌控
我的父母是否會離婚	完全無法掌控	有部分掌控力	可以完全掌控
我喜歡的那個人是否會邀我跳舞	完全無法掌控	有部分掌控力	可以完全掌控
我是否吃太多	完全無法掌控	有部分掌控力	可以完全掌控
友人是否會同意去看我想看的電影	完全無法掌控	有部分掌控力	可以完全掌控
我舉辦泳池派對那天是否會下雨	完全無法掌控	有部分掌控力	可以完全掌控
我的科學專題合作夥伴是否會跟我一樣賣力	完全無法掌控	有部分掌控力	可以完全掌控

老師是否會在成績上放我一馬	完全無法掌控	有部分掌控力	可以完全掌控
我是否會得獎	完全無法掌控	有部分掌控力	可以完全掌控
摯友們是否會花如我所願的許多時間陪伴我	完全無法掌控	有部分掌控力	可以完全掌控
友人是否會採納我的意見	完全無法掌控	有部分掌控力	可以完全掌控
父母是否願意把我想要的特權給我	完全無法掌控	有部分掌控力	可以完全掌控
我是否是一個善良的人	完全無法掌控	有部分掌控力	可以完全掌控

進階練習

1. 製作一份清單，列出你設法掌控的事物、情境或人們。在列出的每一個項目旁邊寫下「全無」、「部分」或「完全」，表明你對該項目有多少的掌控力。

2. 上述哪一項最難以放手而不掌控，為什麼？

3. 設法放手不掌控，感覺像什麼？

4. 如果你放手不掌控，你認為會發生什麼事情？

5. 放手的念頭一開始可能會讓某些人感到更加焦慮。然而一旦當事人對此舒服自在，知道即使不掌控每一件事也會很安全，他們就可以改變自己的期望，進而降低自己的焦慮水平。

如果你很難放手不掌控，請嘗試執行或重新執行第12課、第13課或第32課的練習。

第17課 對自己說正向肯定句

人們整天都在對自己發送心靈訊息，這些訊息叫作「肯定句」，因為它們肯定並強化了想法。對自己發送負面肯定句，將會提升你的焦慮水平。傳送正向肯定句給自己，則會幫助你感到更加平靜。

約書亞的經驗談

約書亞的日常焦慮水平相當高，即使沒有發生什麼特別有壓力的事也是如此。他不明白有那麼多的事讓他感到焦慮，爲什麼他的朋友們卻是如此無憂無慮。輔導老師建議約書亞努力改變他的肯定句，不要對自己說些會喚起焦慮的話，改而說些能幫助自己感到比較平靜的話。首先，約書亞必須辨認出他目前的肯定句。以下是幾個他注意到不斷在他腦袋裡流竄的訊息：

- 「我的功課很多，永遠都做不完。」
- 「每一個人都比我有自信許多，我的不安全感很強烈。」
- 「我的成績不夠好，永遠進不了好大學。」
- 「那些孩子在笑，他們一定是在嘲笑我的模樣。」

直到開始關注這些肯定句，約書亞才意識到自己經常在腦子裡播放這些句子。他還注意到每次聽到上述其中一個聲音，他就感覺到一陣焦慮。他跟輔導老師談過，希望把自己的肯定句從負面消極改變爲正向積極。他們倆一起決定了下述改變：

- 「因爲明智地利用時間，我可以完成作業。」
- 「我有許多讓我有自信的特質！我是個善良的人、是個好朋友，也是個超讚的足球員。」

- 「我的成績絕對好到讓我足以進入大學；我知道會有一所大學跟我超搭。」
- 「人們嘲笑一百萬種不同的事物，而那些不必是與我有關的。」

約書亞練習了這些新的正向肯定句，發現自己感覺快樂多了，焦慮感也減輕了。他持續定期觀照他的自我訊息，做出了有意識的努力，將訊息從負面消極轉變成正向積極。

先試試看

接下來兩天要關注你自己的肯定句。使用以下表格記錄你聽到的訊息、你在一天當中聽到這些話多少次、它們是負面的還是正向的，然後把負面的訊息改寫成正向的。

我的肯定句	聽到的次數	負面或正向	新的訊息

進階練習

1. 檢視一下你的第一份肯定句清單。說一說你對自己發送這些訊息多久了，你認為當初是從哪裡得到這些想法的。

2. 描述一下這些訊息如何影響你的焦慮水平。

3. 描述一下每一個被改寫過的正向訊息如何影響你的焦慮水平。

4. 改變中的肯定句不會一夕之間化為現實。從你很小的時候，許多肯定句可能就一直與你同在，需要一段時間才改變得了。有時候，人們對於改變自己的肯定句感到有些焦慮。描述一下你心中的任何疑慮，說一說為什麼。

5. 如果你從來沒有改變過你的負面肯定句，你認為它們會如何持續影響你的焦慮水平呢？

第18課 寧靜的心、勇氣與智慧

你可以使用清明、勇氣和智慧來減輕焦慮感。那意味著你要後退一步，評估一下你的處境，決定你可以改變和無法改變的事物之間有何差異，然後根據你所知道的採取行動。

嘉布莉艾拉的經驗談

嘉布莉艾拉正在跟姑姑討論她和朋友的一些問題。她的兩位摯友起了爭執，彼此不講話了。嘉布莉艾拉沒有跟她們任何一方爭吵，但卻覺得自己好像夾在兩人的爭執中間。兩個朋友都會跟她說對方的壞話，那令嘉布莉艾拉覺得不舒服。

她希望她們倆能和好，盡釋前嫌，但兩人都很倔強，沒有一個願意先道歉。不管嘉布莉艾拉與兩人中的哪一個相處，她都覺得非常焦慮。她不想失去摯友，但卻不再享受與她們相處的時光。

嘉布莉艾拉的姑姑告訴她，姑姑使用過一項工具來幫助自己擺脫焦慮。她告訴嘉布莉艾拉可以對自己說：「我擁有寧靜的心，可以接受我無法改變的事；擁有勇氣，可以改變我能夠改變的事；擁有智慧，明白兩者的差異。」

嘉布莉艾拉重複了那些話，然後姑姑幫助她後退一步，仔細檢視那個情境。她們談到這個事實：嘉布莉艾拉無法強迫她的朋友道歉——那是她必須接受她無法改變的事。但是她可以告訴她們，她不想再被夾在中間。當朋友抱怨對方時，她可以決定走開或是不聽——那是她可以改變的事。

嘉布莉艾拉再次重複那些字句：「我擁有寧靜的心，可以接受我無法改變的事；擁有勇氣，可以改變我能夠改變的事；擁有智慧，明白兩者的差異。」當她想到運用寧靜的心、勇氣和智慧來幫助自己時，她很快就感覺到比較平靜。

先試試看

下圖中的孩子們對自己的處境感到焦慮。在每張圖片旁邊寫下在目前的情況下，他們可以改變什麼、無法改變什麼。在進階練習第8題寫下嘉布莉艾拉學到的關於寧靜的心、勇氣和智慧的那段話。

離獨舞演出只剩下兩週。我很焦慮，因為我還不太了解自己的角色。

我真的因為那次考試作弊搞砸了。我很焦慮，不知道後果會怎樣。

進階練習

1. 描述一下你最近在生活中一直感到焦慮的某個情境。

2. 謹慎且就實際狀況想一想那個情境。列出關於這個情境，你可以實際改變的事。

3. 列出你其實無法改變的事。

4. 如果你接受你無法改變的那些事，將會如何影響你的人生？

5. 你能夠對此感到平靜嗎？說一說為什麼可以或為什麼不行。

6. 你有勇氣改變你可以改變的事情嗎？說一說為什麼有勇氣或為什麼沒勇氣。

7. 什麼可以幫助你感覺到更有勇氣？

8. 在此寫下嘉布莉艾拉學到的關於寧靜的心、勇氣和智慧的那段話。把那段話大聲朗讀出來，然後在下方簽上你的名字。

9. 複製一份有你簽名的這段「寧靜禱文」，把它剪下來，放入皮夾或筆記本中，方便隨身攜帶。如果你開始感到焦慮，把它拿出來讀一遍。

第19課

跳脫細節，才能看見更大的佈局

有時候，人們因過度聚焦在某個情境的一或兩個小細節當中，以致看不見細節全在其中的更大佈局，也就是整個脈絡裡。過度聚焦在某個焦慮的念頭，會使你的焦慮水平升得更高。把焦點轉換到更大的佈局可以幫助你感覺比較平靜。

萊恩的經驗談

萊恩感到焦慮，因爲歷史老師要求他隔天第一個做口頭報告。哥哥喬看得出有事煩擾著萊恩，於是詢問是怎麼一回事。萊恩把原委告訴喬。喬說道：「你應該著眼於更大的佈局。你的成績在班上已經穩拿B，一次口頭報告並不會改變這一點。歷史老師喜歡你，也知道你很用功。你為這次報告做了充分的準備，且有出色的視覺輔助工具為報告加分。如果你先上台報告，就可以早早了結，當其他同學在當週剩餘時間報告時，你就可以放輕鬆了。」

當萊恩根據這個更大的佈局，重新考慮造成自己焦慮的某個細節時，他感到平靜許多。

先試試看

1. 當萊恩聚焦在自己所面臨的情境的某個細節當中，就好像透過雙筒望遠鏡盯著那個細節看，使得那個細節（以及萊恩的焦慮）顯得更大，如右下圖所示。而當他聚焦在整體情況時，就好像透過雙筒望遠鏡的另一端檢視那個細節，如左下圖所示。

2. 在右下方框中，畫出或寫下你自己人生中某個提高你焦慮水平的細節，就彷彿你正透過雙筒望遠鏡盯著那個細節看。在左下方框中，畫出或寫下同樣的細節，就彷彿你正透過雙筒望遠鏡的另一端盯著它，如此，你就能夠在更大佈局的脈絡中看見那個細節。接著，在使你焦慮的那個細節周圍新增更大佈局的其他細節。

進階練習

1. 檢視你的兩張圖片。當你只盯著你所焦慮的細節時，以及當你在更大的佈局中看見那個細節時，描述一下兩者的差異。

2. 針對下述每一個句子，說一說你的焦慮是低、中或高。先聚焦在細節，接著聚焦在更大的佈局上。

細節：你的數學測驗不及格。	低	中	高
大局：整個學年，你的所有其他數學測驗都得到B	低	中	高
細節：打棒球遭到三振。	低	中	高
大局：你之前最後三次打擊都是安打。	低	中	高
細節：你在長號獨奏時吹錯了一個音符。	低	中	高

大局：你得到了如雷的掌聲。　低　中　高

細節：班上某人叫你書呆子。　低　中　高

大局：你有五個可以爲你兩肋插刀的好友。　低　中　高

細節：第一次參加舞會時，你的約會對象覺得很無聊，早早跟另外一個人回家了。　低　中　高

大局：在你的約會對象離場後，先後有三個人邀你跳舞。　低　中　高

3. 將你的焦點從某個焦慮的細節轉移到更大的佈局，你的焦慮水平受到什麼程度的影響呢？

第20課 勇敢說出你的焦慮

當人們把焦慮的感覺悶在心裡，沒有表達出來時，焦慮並不會憑空消失。事實上，把焦慮憋在心裡，只會讓焦慮變得更加不堪負荷。談談焦慮，把焦慮表達出來，有助於釋放焦慮。

凱莉的經驗談

每次要在學校戲劇中演出時，凱莉就覺得非常焦慮。她是出色的女演員，歌聲優美，時常在劇中擔綱演出。就算大家都說她很有才華，但是每次必須上台時，她還是會感到焦慮。

凱莉不喜歡談論她的感受。她害怕如果談開了，會感受到更多的焦慮。她也擔心如果她告訴其他同學自己有多麼焦慮，他們可能會認爲她很怪異或懦弱。因此，她什麼也沒說，只是設法忽視焦慮。

學年快結束之際，每次凱莉必須上台時，她就開始肚子疼。母親帶她去給醫生檢查，但醫生找不到任何身體上的問題。凱莉從小就認識這位醫生，她覺得可以自在地跟醫生談論她的焦慮。她解釋說，肚子疼只會發生在上台演出之前。

醫生說，凱莉肚子疼是因爲把焦慮憋在心裡，並說凱莉需要開始釋放焦慮，否則肚子疼的症狀會越來越嚴重。醫生建議她找戲劇老師談談她的感受。當凱莉這麼做時，她得知其他同學在上台表演之前也會感到焦慮。戲劇老師開始鼓勵所有學生分享他們的焦慮感。就連只是說：「哇，我覺得有點緊張。你呢？」也有助於釋放焦慮。凱莉學會了談論自己的感受，肚子疼的發作次數減少了，最終完全消失。

先試試看

下方每一張圖片都顯示某樣東西正在被填滿。描述一下如果被填入的份量超出容量，每一個案例各會發生什麼事情呢？

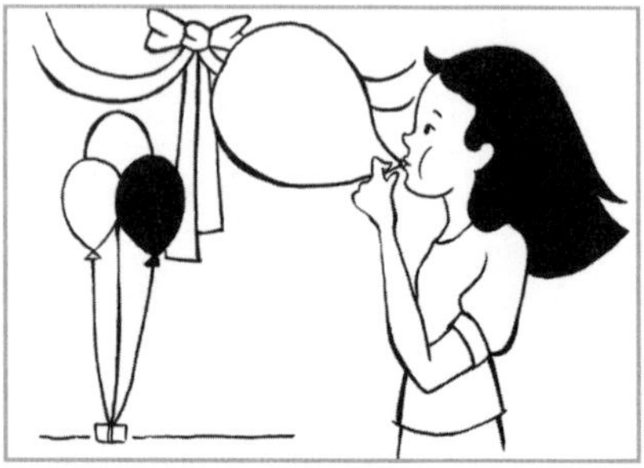

進階練習

1. 檢視一下正在被填滿的那些圖片。當一個人過度焦慮時，可能會發生什麼事情？

2. 當你不釋放你的焦慮感時，會發生什麼事情？

3. 凱莉並不想把自己的焦慮感告訴別人，在此情況下，你認為凱莉為什麼能夠與她的醫生談論她的焦慮感？

4. 你認為是什麼因素促使凱莉改變想法，願意和同學談論她的焦慮感？

5. **與其他人談論你的焦慮，感覺如何？**

6. **你可以舒服自在地與下述哪些人談論你的焦慮，把他們圈出來：**

摯友	父親	阿姨姑姑或叔伯舅舅
醫生	堂表兄弟姊妹	教練
學校輔導老師	祖父母或外祖父母	朋友
母親	雇主	兄弟姊妹
專業輔導師	老師	教會的敬拜領唱

7. 人生中，你可以自在地跟什麼人談論你的焦慮，把這些人的名字寫下來。

8. 你可能會說下述哪些話來表達焦慮感，把它們圈出來：

「我好緊張啊！」

「我對這件事有些焦慮。」

「我可以感覺到我的心怦怦跳。我一定是很緊張。」

「這麼做我其實很焦慮。」

「我現在感覺到非常焦慮。」

「我對這件事真的是緊張兮兮。」

9. 寫下可以用來表達你的焦慮感的任何其他字句。

第21課 盡情寫出你的焦慮

寫作是表達和釋放焦慮感的有效方法。你不需要任何特殊的寫作才能，因為你只是為自己而寫。

尚恩的經驗談

尚恩的輔導老師建議他開始寫日誌，如此，他就有一個隱密的地方可以表達自己的焦慮感。尚恩不知道自己是否喜歡這個點子，英文從來就不是他最拿手的學科，何況他討厭寫大綱，以及記得使用正確的文法和標點符號。輔導老師對尚恩說，寫日誌時，不必擔心那些事。寫日誌是個人私事，別人不必讀得懂，因此不必寫得清楚或有條理或標點符號正確。輔導老師表示，日誌是尚恩可以隨意書寫的地方，不必運用他在英文課上學到的任何規則。

尚恩決定嘗試一下。下一次他感到焦慮時，剛好是在上體育課之前。他們組了一個小隊打排球，而尚恩認爲他是世界上最差勁的排球運動員。他認爲自己的發球很糟，又瞄不準目標，沒擊中球時，他總覺得自己像個白癡。單單想到這點，他就可以感覺到下巴肌肉緊繃。

上體育課之前，他拿出日誌，開始寫下自己的感受。他並沒有注意自己寫得如何，只是聚焦在把焦慮釋放出去。他發現自己剛開始寫得飛快，但隨著部分的焦慮情緒被釋放，他開始放慢速度。寫了幾段後，尚恩明白自己感覺到比較平靜了。他還是對排球提不起勁，但認爲自己應付得來。他很訝異那天漏接的球數竟然比平時少。輔導老師說，這或許是因爲他沒有感到那麼焦慮，因此更容易聚焦並掌控自己的身體。

先試試看

在左邊第一個方框內，寫下你可以想到的所有寫作規則。在第二個方框內，嘗試針對你的焦慮感寫下一段或兩段文字，不需使用任何的寫作規則。

寫作規則

不照規矩寫作

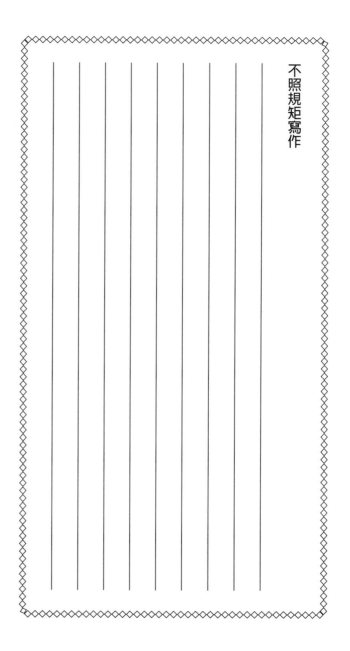

進階練習

1. 人們在寫作時很習慣遵照某些規則，因此有時很難嘗試不照規矩寫作。描述一下不照規矩寫作對你來說是什麼感覺。

2. 下次當你感到焦慮時，嘗試寫出你的感受。或是在當天的某個時間，花點時間寫下你在過去二十四小時內的焦慮感。說一說將這些感覺表達在紙上，感覺如何。

3. 靠寫作釋放焦慮時，可以使用任何一種你喜歡的書寫工具。唯一重要的是：你是舒服自在的。有些人喜歡用藍筆在螺旋筆記本上寫作，有些人喜歡用鉛筆或標籤筆在無格線的紙張上寫字，有些人喜歡在電腦上打字。什麼樣的書寫工具令你最舒服自在呢？

4. 有時候人們會擔心如果寫下自己的焦慮感，別人會發現，並且讀到他們寫下的內容。如果你是這麼認為，那就需要找個方法來維護你的隱私。以下有幾個選項：

- 寫完後，撕碎你的大作。
- 將大作保存在上了鎖的抽屜裡。
- 將大作保存在沒人找得到的地方。
- 寫得亂七八糟，沒人讀得懂。
- 寫完後扔掉。
- 寫在有上鎖的本子裡。
- 用代碼書寫。

上述哪一個點子可能對你有幫助，圈出來。然後在這裡寫下你想到的其他點子。

第22課 飲食與焦慮的關係

飲食可能會影響你的焦慮水平。有些食物和飲料的化學成分會使你感到更焦慮，有些食物和飲料的化學成分則可以幫助你降低焦慮。

每個人的身體與其他人的身體都有些許差異。我們每個人都擁有獨一無二的化學成分，會與我們攝取的每一樣東西的化學物質起反應。已知若干物質與許多人的焦慮加劇有關，其中一部分是咖啡因、精製白糖、精製白麵粉、酒精，一部分是人工甜味劑。若干其他物質則與保持焦慮低檔有關，其中一部分是維生素B群（例如，菸鹼酸、維生素B-1、B-2、B-5、B-6、B-9、B-12、生物素），以及鈣、鎂、omega-3不飽和脂肪酸、複合式碳水化合物。

你可以察覺到自己正在攝取某些這樣的物質。在喜瑞兒穀片上撒糖時，你知道自己正在吃糖。其他物質的名稱比較陌生，不是那麼明顯，因此大部分的人並不知道自己何時正在攝取葉酸。若要完全了解你吃進體內的每一樣東西，可能必須閱讀食品包裝上的說明。若要更加了解每一樣食物的化學成分，也可以查閱百科全書或營養書籍，或是在網路上搜尋。

以下列出幾種比較常見且包含這些物質的食物：

1.可能會提高焦慮水平的物質，以及這些物質存在於哪些食物當中：

- 咖啡因：咖啡、茶、巧克力、汽水。
- 精製白糖：非減肥汽水、糖果、餅乾、蛋糕、冰淇淋、其他甜點、裹上糖衣的穀片。
- 精製白麵粉：白麵包和麵包卷、漢堡麵包、義大利麵和其他白色義大利麵食、椒鹽脆餅。
- 酒精：啤酒、葡萄酒、烈酒。
- 人工甜味劑：減肥汽水、多數標示「減肥」的食品、許多無糖產品、喜瑞兒穀片。

2.可能會降低焦慮水平的物質，以及這些物質存在於哪些食物當中：

- 菸鹼酸：雞肉、火雞肉、小麥、糙米、鮪魚。
- 維生素B-1：燕麥、小麥、豬肉、鮪魚、蘆筍、葵花籽、白米。

- 維生素B-2：奶、優格、豬肉、酪梨、蘑菇。
- 維生素B-6：火雞肉、香蕉、芒果、葵花籽、番薯、鮪魚、豬肉。
- 維生素B-12：牛肉、優格、鮪魚、螃蟹、蛤蜊。
- 生物素：蛋、乳酪、花生、花椰菜。
- 維生素B-5：優格、酪梨、鮭魚、葵花籽、蘑菇。
- 維生素B-9：火雞肉、柳橙、豌豆、酪梨、高麗菜、青花菜、大豆。
- 鈣：奶、優格、乳酪、青花菜、菠菜。
- 鎂：菠菜、杏仁、酪梨、葵花籽、巴西堅果。
- omega-3不飽和脂肪酸：鮪魚、鮭魚、沙丁魚、核桃、綠葉蔬菜、大豆。
- 複合式碳水化合物：全穀麵包、全穀穀片、全穀義式麵食、糙米。

先試試看

製作七份下述日記副本。接下來一週，一天記錄你的焦慮水平四次，寫下你吃下和喝下的每一樣食物。用數字0到10來為你的焦慮評分（0是完全平靜，10是高度焦慮）。

星期＿＿＿＿

我的焦慮水平	早晨起床	中午	下午6點	就寢時				
我吃了什麼								

進階練習

1. 回顧你的日記，描述一下攝取了提高焦慮的物質與攝取了降低焦慮的物質，兩者得到的數字有何差異。

2. 檢查一下你評定自己是高度焦慮的那幾次，然後檢查你在此之前二十四小時攝取了什麼食物。描述一下你注意到高度焦慮與飲食之間有何關聯。

3. 檢查一下你評定自己是低度焦慮的那幾次，然後檢查你在此之前二十四小時攝取了什麼食物。描述一下你注意到低度焦慮與飲食之間有何關聯。

4. **你是否在你的焦慮水平與攝取的食物或飲料中看到任何模式呢？**

□ 是　□ 否

5. **有時候，人們最愛的食物就是會引發焦慮的那些東西。要完全捨棄那些食物可能很難，但即使是減少食用引發焦慮的物質也會有所幫助。想一些實際可行的具體方法，看看能否減少攝取會提高焦慮水平的物質，然後在此描述一下那些方法。**

---

6. **想一些實際可行的具體方法，看看能否多加攝取會降低焦慮水平的物質，然後在此描述一下那些方法。**

這個練習只提供了可能會提高或降低焦慮的一部分食物。從飲食學家或營養師那裡，或是閱讀這些人建議的資料，你可以取得更爲完整的食物清單。

第23課
運動與焦慮的關係

參與幾乎任何類型的身體鍛鍊，都可以幫助降低焦慮水平。定期鍛鍊可以預防焦慮。在你感到焦慮的時候運動鍛鍊，即可在那個當下釋放張力。

梅根的經驗談

梅根很難與家人相處。感覺好像是父母不斷嘮叨她，弟弟、妹妹不斷打擾她，那令她十分焦慮，有時她甚至覺得自己快要爆炸了。一天下午在家時，家裡每一個人似乎同時激怒了她。她知道自己必須離開他們，不然她一定會說出衝動的話或做出衝動的事，給自己帶來麻煩。

梅根走出大門，開始沿著門前那條街道慢跑。跑到街角時，她注意到自己覺得比較好些。她的焦慮減輕了，呼吸變得比較深沉，頭腦也越來越清楚。梅根繼續慢跑了十分鐘，直至感覺到十分平靜爲止。當她走在回家前的最後一個街區時，她明白自己感到更加平靜，而那是她許久沒有體驗到的。她的整個身體放鬆了，感覺健康又強壯，怒氣已然平息。她回到屋子裡，然後能夠冷靜地與家人交談。她甚至跟家人分享跑步後感覺有多好。

梅根的媽媽是體育老師。她向梅根解釋說，當一個人感到焦慮時，腺體會傳送一種名爲腎上腺素的激素到身體內。腎上腺素會使我們的肌肉緊繃、心跳加快。當我們運動鍛鍊時，腎上腺素被排出，我們的肌肉會放鬆，心跳速率再度緩慢下來。她繼續解釋說，若要將日常焦慮保持在可以掌控的低檔，定期運動鍛鍊是最好的方法之一。

梅根開始一週跑步三次，無論當時是否覺得焦慮。她注意到自己在跑步後的幾小時內總是感覺超讚，因此更容易在一天的剩餘時間感到平靜。

先試試看

1. 以下列出各式各樣的體育活動。在你知道自己能真正享受其中的任何活動旁邊打一個星號。在你從未嘗試過但其實很想嘗試的任何活動旁邊寫上一個「T」（代表 try，嘗試）。

棒球	籃球	滑雪	游泳
健行	網球	自行車	單板滑雪
橄欖球	空手道	跑步	保齡球
體操	摔角	射箭	高爾夫球
漆彈射擊	雷射槍戰	跳舞	競走
排球	羽毛球	柔道	滑水
泳圈漂流	長曲棍球	足球	硬地滾球
舉重	有氧舞蹈	跆拳道	美式壁球
潛水	繩索垂降	衝浪	風浪板

2. 檢視一下你打上星號的活動，寫下你最容易定期完成的那些活動。在一天的什麼時間和什

麼地方進行這些活動對你來說是最實際可行的？

3. 寫下你下週可以運動的一或兩次時間和日子，把這些寫在你的日程筆記本或日曆上，然後按照計畫貫徹執行。

4. 注意你運動前後的焦慮水平。描述一下你注意到什麼。

進階練習

1. 感到焦慮時，你能夠立馬執行前一頁列出的哪些運動呢？

2. 描述一下最近使你焦慮的某個情境，說一說當時你本來可以如何運動鍛鍊來緩解焦慮。

3. 從旁邊標明「T」的那份活動清單中，選擇你可以在未來幾週嘗試的一或兩項活動。在此寫下你的計畫，說明你可以如何實踐。

4. 嘗試過這些新活動之後，寫下你的經驗以及是否希望再次完成這些活動。

第24課　三種讓人平靜的運動

某些類型的肢體動作可以幫助人們緩解焦慮，感覺更加平靜。當你定期操練這些動作時，即可將焦慮保持在低檔。

以下是三種常見可讓人平靜的運動。

1. 放鬆伸展

伸展只是輕柔、持續的動作，可拉長你的肌肉。伸展肌肉，可幫助驅散積聚在肌肉中的壓力化學物質，並增加身體的血液循環，這兩種情況均有助於緩解焦慮。如果在伸展時平靜而深入地呼吸，等於是幫助將氧氣帶到所有的肌肉群，從而減輕焦慮。

伸展是你可以採取最容易的焦慮減輕法之一，因爲你可以隨時伸展幾乎任何的肌肉群，並且幾乎是不論在哪裡都能做。你不需要特殊的設備或一大段時間，也不需要任何特別的運動技巧或能力。

重要的是緩慢而輕柔地伸展，如此便不至於過度伸展你的肌肉。如果你每天定期伸展一下，將有助於讓焦慮水平保持在低檔。對某事感到特別緊張時，如果你好好伸展一下，將會幫助你釋放和駕馭焦慮的感覺。伸展所有的肌肉將會幫助肌肉保持放鬆而有彈性。伸展憋住大部分張力的特定肌肉，將有助於緩解那個特定部位。

2. 瑜伽

瑜伽是一門生命科學，發源於幾千年前的印度。瑜伽哲學致力於透過鍛鍊、呼吸、靜心來統合身、心、靈，以此維持生命的平衡與健康。

在瑜伽中學習到的肢體鍛鍊或姿勢，旨在增強你體內腺體系統的健康。瑜伽的伸展涉及強健你的肌肉和關節，以及整個骨骼系統。呼吸鍛鍊透過氣息控制來協助增強和維持健康，爲你的身體帶來能量，培養平靜之氣。靜心養成安靜的頭腦，釋放焦慮，增強你的腦力和專注力。

瑜伽的目標是培養內在平靜的狀態。瑜伽練習不涉及任何特殊的設備或衣著，但某種入門指導是必要的，可以幫助學習那些姿勢和正確的體位。

3. 太極拳

太極拳是一種動靜的練習，發源於中華文化。雖然在歷史上，太極拳被認爲是武術和一種非暴力的自我防衛，但在當今的西方文化中，大家把操練太極拳視爲一種「動態靜心」。太極拳的動作流暢平穩，表現出柔和與優雅，甚至可以說是動靜之間的轉換。

太極拳的動作不僅刺激「氣」或能量流經全身，增強健康和生命力，還可以培養沉穩、寧靜的頭腦，幫助你放鬆和緩解緊張，逆轉壓力對身心的影響。太極拳緩慢、具有靜心品質的動作，使它成爲有助益的練習，促進放鬆、平衡，以及身體和情緒的健康。

太極拳跟瑜伽一樣，開始時需要有人指導，然而一旦學會了若干動作，就可以繼續獨自練習，以此預防或照管焦慮。

早晨起床時，即使只做幾分鐘平靜的動作，也可以爲你的一整天設定平和的基調。中午同樣如此活動一下，可以幫助你重新歸於中心，返回到平衡之境。晚上入睡前做做這些平和的動作，可以幫助你睡得更深沉、更安穩。

先試試看

你可以修習學校、公園、健身中心或其他教育機構開設的課程，藉此學會如何放輕鬆地伸展、做瑜伽、打太極。你也可以先試試看這些活動，詢問是否可以先試聽和試上，或是觀賞網路商店可以購得、租借或是可向圖書館借閱的錄影帶或DVD。先行嘗試可以使你了解哪一項活動你最能自在投入，哪一項最適合你。

找到方法嘗試每一種這些類型的運動，至少嘗試一次。每次嘗試一種新方法時，要在練習前後注意自己的焦慮水平。爲你的焦慮水平評分，等級從0到10（0是完全平靜，10是高度焦慮），然後將你的評分等級記錄在此。

1. 放鬆伸展

放輕鬆伸展一段時間之前的焦慮水平：

0 1 2 3 4 5 6 7 8 9 10

放輕鬆伸展一段時間之後的焦慮水平：

0 1 2 3 4 5 6 7 8 9 10

2. 瑜伽

操練一節瑜伽之前的焦慮水平：

0 1 2 3 4 5 6 7 8 9 10

操練一節瑜伽之後的焦慮水平：

0 1 2 3 4 5 6 7 8 9 10

3. 太極拳

打一段太極拳之前的焦慮水平：

0 1 2 3 4 5 6 7 8 9 10

打一段太極拳之後的焦慮水平：

0 1 2 3 4 5 6 7 8 9 10

進階練習

1. 說一說你最喜歡哪一種運動，為什麼。

2. 說一說你最不喜歡哪一種運動，為什麼。

3. 按照降低焦慮水平的有效性，依序為這三種運動評分，1是最有效，3是最無效。

______ 放鬆伸展

______ 瑜伽

______ 太極拳

4. 說一說做緩和運動對你而言是容易還是困難，為什麼。

5. 有時候，人們在第一次嘗試某項平和的運動時會有點焦慮，可能會對動作是否做得「正確」而神經緊張，或是可能不習慣讓身體動得如此安靜或緩慢。如果你有這樣的狀況，描述一下你的體驗。

____

____

____

6. 如果這些運動中的任何一項令你享受其中，或是對降低你的焦慮水平有幫助，請嘗試每天定期練習五分鐘或更長的時間。那將會幫助你釋放焦慮，全天候處於更加平靜的狀態。寫下一天當中你可以花五分鐘練習平靜動作的時間。

____

有些人可能需要嘗試好幾次才能夠舒服自在地操練平靜的運動。不要輕言放棄，一定要先找機會好好嘗試一下。

第25課 漸進放鬆法

當你感到焦慮時，你的肌肉可能是緊繃的。有覺知地釋放你的肌肉張力，將會幫助你緩解焦慮。漸進放鬆法是幫得上忙的一種練習。

你可以定期練習漸進放鬆法來預防焦慮，那將會幫助你降低日常的焦慮水平。某天，當焦慮水平高於平時，你也可以用漸進放鬆法作爲干預措施。

理想情況下，每次練習漸進放鬆時，你要有一處安靜的地方，以及十五或二十分鐘的時間。如果你的行程緊湊，發現很難做到這點，也可以隨時隨地操作這個練習的簡易修改版。當你坐在課堂上、露天看台上、汽車的副駕駛座、餐廳內或是圖書館裡，你可以花幾分鐘有覺知地聚焦於放鬆肌肉。你做的任何努力都可以幫助你釋放和緩解焦慮。

先試試看

在嘗試之前，請從頭到尾仔細閱讀這個練習。可能的話，找個不會讓你分心的安靜地點操練。前幾次嘗試時，你可能會希望有人幫你完成這個練習。只要請這人慢慢地閱讀指示，而你閉上眼睛坐好，跟著照做即可。

漸進放鬆法

舒服自在地坐著，鬆開任何緊身衣物，讓你不會覺得被束縛或限制，好讓你可以輕鬆地呼吸。如果很想躺下，也可以這麼做，只要你知道自己不會睡著即可。在開始之前，請以0到10的等級評估你的焦慮水平（0是完全平靜，10是高度焦慮）。把數字寫下來，告訴另外一個人，或是自己記住，方便稍後派上用場。

閉上眼睛，將你的注意力放在氣息上，持續幾分鐘。你完全不必試著改變你的呼吸，只要注意一下即可。與其嘗試引導你的氣息，不如跟隨氣息。你唯一要做的是，隨時注意你的氣息在哪裡，下一個片刻它又去到哪裡。隨著吸氣和呼氣，氣息可能會進進出出你的口腔或鼻孔；它可能會進入你的喉嚨、頸部或肺部、乃至下達橫膈膜。你的氣息可能會促使雙肩忽上忽下或胸部起起伏伏，它可能隨時在你的身體內引發搔癢或輕盈的感覺。體驗你的氣息沒有方法對錯的問題，只要注意氣息的去向，持續追蹤即可。

當你的氣息變得有節奏且均勻時，要將注意力轉移到頭頂。注意你的整個臉部或頭骨區的肌肉是否悶著任何的張力。想像所有這樣的張力正在離開你的頭部，被拉了出去，進到周圍的空氣中。它離開你的頭部，逕自飄浮離去，進入太空。你注意到你的前額、雙頰、下巴、下顎完全零張力，是放輕鬆的。你的臉部和下顎非常放鬆，放鬆到你的嘴巴可能會微微張開。

現在將注意力轉移到頸部。想像頸部前後悶住的任何張力離開你的身體，飄浮離去，進入太空。有覺知地鬆開頸部的肌肉，放掉這一區的任何張力。

接下來，注意你的雙肩和上背部。注意你是否在此憋住任何的張力。許多人會把焦慮悶在這些部位。有覺知地釋放你憋在這裡的任何張力。放掉那份張力時，要感覺那個釋放和緩解。隨著那份張力離開你的身體，你感覺到雙肩稍微下垂。

現在將注意力轉移到胸部和肺部。要知道你正在釋放身體這一區的所有張力。你的肺部自由自在地收縮和擴張。呼吸時，你的胸部平和而有節奏地起伏。胸部或肺部的任何張力現在都離開了。你這一區的肌肉是完全放鬆的。

接下來，聚焦在你的左右上臂。想像手臂的肌肉正在放鬆。這些肌肉每天努力工作，幫你舉重和搬運。現在它們不必做任何事，所以讓它們放鬆下來。釋放你可能憋在左右上臂的任何張力，然後是下臂和雙手以及手指頭。全神貫注在釋放手臂從上到下攜帶的任何緊繃。想像那份張力順著手臂向下，流到指尖末端，流出去。現在，你的雙臂是完全放鬆的。

將焦點移到腹部。人們焦慮時通常會感到胃腸緊繃或「打結」。要注意你的腹部肌肉且有覺知地放鬆。每次呼氣時，要讓腹部肌肉變得越來越鬆弛，直至感覺到腹部舒服地「沉」入你的身體裡。要知道現在肚子裡的張力已經消失了，你的腹部完全放鬆。

現在將注意力放在下背部和臀部，釋放你可能在這些部位感覺到的任何張力。讓你的臀部感覺到溫暖而沉重，感覺它們舒適地沉入你下方的椅子裡。讓你下背部和臀部的肌肉完全放鬆，注意這樣的感覺多麼美好。

接下來，將注意力轉移到大腿上。大腿上有大塊肌肉，每天帶著你到處去。它們現在完全不需要工作，因此你可以讓它們完全放輕鬆。讓你的大腿感覺到溫暖而沉重。隨著你釋放來自身體這一區的所有張力，讓大腿雙雙沉入你下方的椅子裡。注意你的大腿現在是多麼的放鬆啊！

沿著雙腿而下，來到膝蓋和小腿、雙腳和腳趾頭，這些身體部位同樣每天努力幫助你保持站立。它們現在可以完全放輕鬆。有覺知地讓任何張力離開這些肌肉群和關節，想像那張力輕易地從你的雙腿和雙腳流出，從你的腳趾尖流出去。讓所有這樣的張力消失在周圍的空氣裡。

現在安靜地坐幾分鐘，好好享受一下你允許存在你體內的那份放鬆。要注意如此放鬆是什麼感覺。再次評估你的焦慮水平，方法如同開始這個練習之前。注意你的評分數字是增加、減少、還是保持不變。當你準備就緒，再將注意力帶回到目前所在的房間，然後睜開眼睛。

進階練習

這個練習的目的是要減輕焦慮。有時候，它一開始會喚起人們的焦慮，因爲當事人不習慣安靜地坐著或閉著眼睛。隨著多加練習，這個練習會變得愈來愈舒服自在。

1. 描述一下你做這個練習的感覺。

2. 說一說在做這個練習之前和之後，你的焦慮評分是多少。說一說你認為你的焦慮水平為什麼上升、下降或保持不變。

3. 列出你注意到緊繃的任何身體部位。圈出你在之前幾次焦慮時注意到緊繃的那些部位。要知道，你可以關注那些部位，在它們變得緊繃時，努力有覺知地放鬆。

4. 說一說讓身體完全放鬆是什麼感覺。

第26課 讓自己歸於中心

當你將注意力和能量集中在身體的物理中心時，就可以取得平衡和穩定，幫助自己管理焦慮。

安妮的經驗談

當安妮必須在短時間內完成許多事情時，她就很難駕馭焦慮。一晚，安妮當臨時保母，照顧鄰居的小孩，她發現自己托著寶寶的臀部，同時站在爐子前，爲剛剛打翻汽水正忙著哭泣的六歲小女孩煮通心粉和起司。與此同時，電話響起，安妮注意到狗狗嚼遍了她背包上的帶子。安妮感到散亂而疲憊，覺得很想要尖叫。然後她想起了在健康課上學到的「歸於中心」練習。

安妮沒有尖叫，而是花幾秒鐘時間聚焦在自己身體的重心。她想像自己將所有四散出去的能量拉進自身氣力和平衡的中心點。藉由聚焦在這個中心一小段時間，她能夠鎮定下來，從平靜的核心而不是焦慮的狀態採取行動。她關掉瓦斯爐，將寶寶放在高腳椅上，把背包從地板移到桌子上，抓起一捲紙巾吸乾汽水，讓答錄機接聽電話。

安妮發現每次自己開始感到焦慮，她可以運用歸於中心來幫助自己感覺到扎根與平衡。於是在溜冰比賽前、在歷史老師分發期末考卷時、在弟弟激怒她時、在她接近暗戀的男孩時，她都運用了這個方法。練習歸於中心幫助安妮保持平靜。

先試試看

若要找到你的中心或是你身體的地理中心，請注視下圖，然後嘗試這個練習。當你閉著眼睛站立時，可能希望有人將下述文字讀給你聽。

站直，雙腳張開，與肩同寬，穩穩地平貼在地板上。閉上眼睛。調整自己，讓你感到平衡。將注意力放在你的身體上。在不移動、不觸碰右手的情況下，將注意力放在右手。現在，在不移動、不觸碰左膝的情況下，將注意力放在左膝。接下來，不移動、不觸碰你的肚臍，將注意力放在肚臍。現在，請覺察一個點，在肚臍後方三至五公分且位於肚臍下方五至七公分處，也就是在你的下腹部後方中央。閉上眼睛，試著感覺一下體內的這個點，那是你身體的重心。

將你的注意力集中在這個點上。想像自己將所有四散出去的能量拉進來，聚集在這個點上。繼續將你的能量集中在此幾分鐘，直到你感覺穩定與平衡爲止。

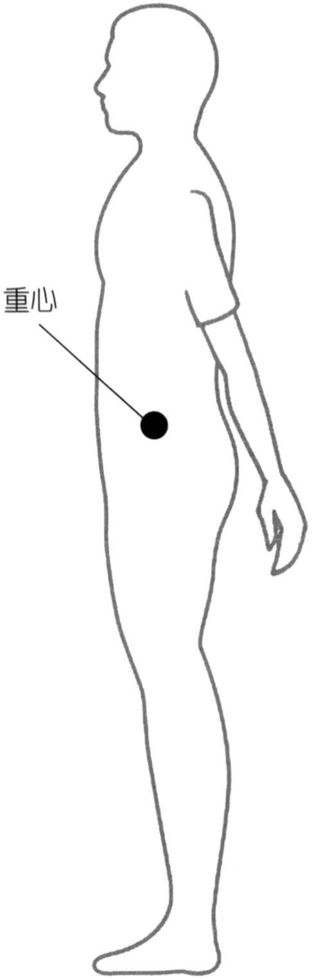

進階練習

1. 有時人們發現很難第一次嘗試就找到自己的重心在哪裡。如果你找不到，請在感覺平靜時，再次嘗試這個練習。說一說你再次嘗試的時候有什麼感覺。

2. 描述一下你生活中某個常見的情況，當時你感覺到自己的能量四散出去，而且感到焦慮。

3. 描述一下你在上週遇到的某個感到焦慮的情境。你原本可以在哪一個時間點花幾秒鐘時間讓自己歸於中心，如此，你就可以從平衡而不是焦慮的位置採取行動？

4. 一旦清楚自己的中心在哪裡，你就不必再站著練習。當你一個人在臥室裡、坐在課堂上、或是走在賣場裡，都可以讓自己歸於中心。這一週，嘗試在不同的情境中練習恢復平衡。描述某個情況，當時歸於中心幫助你放掉焦慮，感覺比較穩定。

第27課　保持正念

「正念」是使你聚焦在當下的一種行為。當你定期練習正念時，可藉此幫助你將焦慮保持在低檔。在感到高度焦慮時練習正念，可以幫助你駕馭焦慮，使自己回復平靜。

保持正念意味著你正在關注，因此你活在其中，也就是當下此刻。多數時候，我們的頭腦總是往前伸向未來，往往開始擔心未知的事物，那會提高我們的焦慮水平。不然就是我們的思緒回到過去，可能對所做的事或所說的話感到內疚或後悔，那也會提高我們的焦慮水平。

保持正念意味著接受且不評斷當下發生的不管什麼事。批判自己、他人和環境往往是我們的天性。這種評斷很少改變任何人或任何事，但確實提高了我們的焦慮水平。

聚焦在當下，可以幫助你放掉焦慮。舉個例子，如果你正在打籃球，就聚焦在打籃球。留神觀看你的雙手和籃球在空中飛舞，感覺你額頭上的汗水。如果只是想著籃球，就不會擔心你的期末考、獨奏會或工作了。如果你只是專注於在球場上運球，就不可能煩惱昨天的某次交談是否應該要說些別的話。

練習正念可以減輕焦慮，豐富生活體驗，因爲你更加全然地臨在你所做的每一件事上。

先試試看

嘗試下述每一個練習，至少一次。

練習 1

在接下來的幾個小時內，選擇一項你可以完成的簡單活動來練習正念。什麼事都行，從吃一袋薯片，到著裝打扮，到躺在床上聽音樂。要做出有覺知的努力，帶著正念執行這個活動。做這些活動時，試著將你的注意力只集中在當下你正在做的事情上。運用你所有五種感官去體驗那個活動。在這麼做的過程中，要密切注意你當下看到的、聽到的、感覺到的、聞嗅到的、品嘗到的。

練習2

因爲我們不習慣聚焦在當下，所以很難讓自己的頭腦不漫遊。幫助自己保持專注的一個方法是，在執行每一項活動的同時，默默地與自己交談，藉此提醒自己你當時正在做什麼。舉個例子，你吃著薯片，同時心中想著：「吃啊，我正在吃。」著裝打扮時，你心中想著：「打扮啊，我正在打扮。」剛開始這麼做會讓你覺得有點奇怪，但那將會幫助你將頭腦聚焦在當下，遠離焦慮的念頭。

練習3

一天之中，每當你注意到自己因爲思緒進入到未來或過去而感到焦慮時，只要提醒自己：「回到當下」，然後將你的頭腦帶離徘徊之地，回到你現在正在做的事情上。

進階練習

1. 在練習1中，你選擇了什麼活動來練習正念？

2. 描述一下在練習的過程中，你透過五種感官注意到什麼。

3. 描述一下你嘗試練習2的感覺。

4. 當你的心思移到未來時，通常會想到哪些主題？

5. 當你的心思移到過去時，通常會想到哪些主題？

3. 描述一下你嘗試練習3的感覺。

7. 一天之中有多少次你注意到自己的頭腦在漫遊，把答案圈出來。

一次　　十次　　幾百次　　幾千次

8. 描述一下在嘗試這些練習時，你的焦慮水平如何。

9. 如果你跟多數人一樣，那麼你一定會發現正念是項挑戰，因為我們的頭腦根本不習慣如此專注聚焦，但隨著多加練習，正念會變得比較容易些。說一說只專注在當下，你有什麼感覺。

第28課 跟隨你的氣息

> 呼吸是一種自然而有效的工具，可以培養平靜，降低內在的焦慮。若要運用你的呼吸達到這個目的，方法之一是單純地覺察呼吸。

我們的念頭是造成焦慮的主要原因。當我們的頭腦飛馳，從念頭到念頭，承諾到承諾，恐懼到恐懼，都是示意要我們的身體繃緊起來。將頭腦聚焦在有壓力的念頭上，或是一次專注在太多的念頭上，會使我們的焦慮水平升高。

將念頭集中在簡單而平和的事物上，則會產生相反的效果，而你的氣息便是一個理想的焦點。保持自然的節奏，你的氣息就會慢慢變得非常平和。它將是平衡而規律的，緩慢而深沉的，就好像你安然入睡時的氣息。

聚焦在你的氣息上，是讓自己擺脫焦慮狀態同時回復平靜的簡單方法。這是一項你一直隨身攜帶的工具，因此無論在什麼情況下，無論是黑夜或白天的任何時間，無論你在何方，跟誰在一起，無論做什麼，都可以使用這項工具。當你與朋友起爭執、難以理解某個數學問題、爲工作面試做準備、與心儀的對象談話、或是任何其他時候，只要你覺得自己越來越焦慮，都可以停下來聚焦在你的氣息上。

高度焦慮時，將注意力放在你的氣息上一或兩分鐘，可以幫助你降低焦慮，將自己帶回到平靜的狀態。聚焦在自己的氣息將使你的頭腦離開焦慮的念頭，使你的氣息緩慢下來，變得更加深沉，爲身體帶來更多的氧氣並使身體放鬆，爲頭腦帶來更多的氧氣並使頭腦清明。

先試試看

嘗試這個練習，學習如何聚焦在你的氣息上。

舒服自在地坐著，閉上眼睛。然後單純地將你的注意力放在自己的氣息上。

注意你感覺到氣息在哪裡。你可以感覺到空氣進出你的鼻孔嗎？你注意到它使你的胸膛起起伏伏嗎？吸氣時，你的氣息一路下移，進入到你的下腹部嗎？還是只移動到口腔或喉嚨呢？你無需嘗試改變呼吸或是要你的氣息完成什麼特殊的事。你的目標只是找到你的氣息並跟隨它，看看它如何流入和流出你的身體。繼續跟隨它幾分鐘，或是只要你舒服自在，想跟隨多久都行。

由於我們通常不習慣注意自己的氣息，因此剛開始時，這個練習可能顯得不太容易。有些人說，他們甚至找不到自己的氣息在哪兒。如果你遇到這種情況，試著屏住氣息幾秒鐘，然後釋放氣息。停止呼吸然後再次開始，可以使你更明顯地感覺到氣息的存在。

你可能必須練習幾次，才能夠輕易地找到並跟隨你的氣息。一旦你可以更輕易地完成這件事，就不必再閉上眼睛。上課時、聚會時、洗澡時、或是與家人共進晚餐時，你將能夠聚焦在你的氣息上。如果你感到焦慮，只要記得找到你的氣息，然後專注在氣息上，那會使你緩慢下來，呼吸得更加深入，進而降低焦慮。

進階練習

1. 接下來的一或兩天，練習在不同的時段關注你的氣息。描述一下當你置身在下述情境時，你的呼吸是快或慢、淺或深：

吃午飯 ______ 講電話 ______

上一堂艱難的課 ______ 開車 ______

上一堂輕鬆的課 ______ 聽音樂 ______

看電視 ______ 做作業 ______

與朋友外出閒晃 ______

2. 列舉幾個情境，當時你很容易便聚焦在自己的氣息上，而旁人注意不到你在做什麼。

______

______

______

3. 列舉幾個情境，當時你可能很難在旁人注意不到你在做什麼的情況下，聚焦在自己的氣息上。

4. 列舉幾個焦慮的情境，當時聚焦在你的氣息上可能對你有幫助。

5. 描述一下關注自己的氣息時，你的焦慮水平出現什麼變化。

第29課　有覺知地深呼吸

當人們焦慮時，氣息往往淺薄而急促。有覺知地嘗試更深入的呼吸，可以幫助你緩解焦慮。

如果你觀察新生兒呼吸，一定會注意到，嬰兒的肚子會隨著每一個氣息起伏。那是因爲嬰兒自然而然地深呼吸，而且帶著他們的氣息一路向下，進入橫膈膜。嬰兒還沒有學會承受壓力。成年後，我們往往將自己的氣息吸入鼻孔、喉嚨、有時下達肺部，但很少呼吸得非常深入，深入到腹部可以進出空氣。我們的焦慮念頭和匆忙的活動，往往導致我們只用呼吸系統的上半部呼吸。有時當我們壓力極大或是匆匆忙忙之際，甚至可能在沒有意識到的情況下，間歇性地屏住氣息。

比較深入的呼吸可以放慢心跳速率，放鬆肌肉，將更多的氧氣深深地注入我們的身體和腦部，更全面地滋養細胞，幫助我們更清晰地思考，從而有助於減緩焦慮。當我們深呼吸時，我們的身體是比較不緊繃的。我們更能夠提醒自己，要利用正向和理性的思考技能，而不是產生令人焦慮的自我信息和扭曲的思維。

先試試看

在嘗試這個呼吸練習之前，建議先完成第28課的練習，那會讓你操練到如何發現並跟隨自己的氣息。

舒服自在地坐下或躺下。閉上眼睛，讓自己更能夠全神貫注，摒除雜念。將一隻手輕輕地放在肚子上。假裝肚子裡有一顆圓形氣球，開口位於頂端，或是最靠近肺部的地方。現在吸氣，然後想著將你的氣息一路往下帶，貫穿你的身體，貫穿那個氣球開口，到達氣球的底部。吸氣時，讓腹部隆起，騰出空間給你的氣息。想著用這股氣息爲你的身體填滿新鮮的空氣，先填滿氣球底部，接著是氣球頂部，最後從底部向上，完全填滿你的肺。

準備呼氣時，輕輕地將「氣球」的底部下壓，從底部向上，將空氣排出體外，先清空氣球，然後是肺部和胸腔。

緩緩地重複這個模式幾分鐘，或是直到開始感到舒服自在爲止。

用這樣的方式呼吸，起初似乎很笨拙。有些人甚至焦慮起來，覺得自己無法做得「正確」。要明白，一開始有這種感覺是很正常的。這是你的身體和頭腦還不習慣的某樣新事物。然而當你越常這麼做，就會越來越熟悉，而你也就越能夠放輕鬆。嘗試花些時間，而且要明白，你最後一定會掌握到訣竅。不要設法做到完美，那一定會讓自己感到焦慮。

進階練習

1. 嘗試這個呼吸練習時，你注意到下述哪些事，把它們圈出來：

呼吸變得比較深入　　肌肉抽搐
覺得笨拙　　感到僵硬
心跳速率減慢　　頭腦漫遊
感到平靜　　放掉張力
感到有些焦慮　　感到想睡

肌肉放鬆　　　呼吸變得比較穩定

其他＿＿＿＿＿＿＿＿

2. 下述是一系列人們可以用深呼吸來幫助他們緩解焦慮的情境。哪些情境曾經發生或可能會發生在你身上，把它們圈出來：

在課堂上做口頭報告　　　聽父母訓話

考試　　　走過一間鬼屋

一個人上台表演　　　參加田徑賽

工作面試　　　與朋友交談，氣氛緊繃

參加駕照考試　　　第一次嘗試新事物

與異性約會　　　高台跳水

3. 現在列出你個人的生活情境，當時你可以用深呼吸來幫助你緩解焦慮。

＿＿＿＿＿＿＿＿

＿＿＿＿＿＿＿＿

第30課 **觀想**

我們的身體無法為自己思考；身體只會回應我們的頭腦告訴它的事。如果你告訴自己，你處於焦慮狀態，你的身體就會緊繃起來；如果你告訴自己，你處於平靜狀態，你的身體就會放輕鬆。在你的腦海中觀想平靜的情境，即使這個情境並沒有真正發生，也可以幫助你釋放焦慮。

卡拉的經驗談

體操比賽時，卡拉經常在坐著等待輪到她出場期間，整個人就焦慮起來。爲了幫助自己保持平靜，她學會了利用那段時間假裝她就坐在自己最愛的某個地方——姑姑家游泳池畔的躺椅上。

在等待教練叫她上場表演的這段時間，卡拉會想像自己在陽光下放鬆，啜飲著冷飲。當她用如此平靜的心像代替焦慮的念頭時，她的身體會以放鬆做出回應。

終於叫到她的名字時，卡拉就能夠比較優雅而自信地完成例行的體操表演項目，因爲她是從平靜而非焦慮的狀態運作。

先試試看

1. 開始這個練習之前，為你的焦慮水平評分，等級從0到10（0是完全平靜，10是高度焦慮）。在此寫下你的數字：＿＿＿＿

2. 在下頁方框內，畫出你所能想像最美麗、最平靜的地方。它可能是一個真實的地方，也可能是一個只存在你腦海中的地方。

3. 若要繼續這個練習，請先好好閱讀下文。你可以選擇單純地觀想心中那個平靜的地方，好好記住它，或是你希望有人將下文慢慢地讀給你聽。這個觀想需要五到十分鐘才能完成。

找一個安靜的地方舒服自在地坐著，閉上眼睛，深入而緩慢地呼吸幾次。假裝你置身在剛才畫好的那個美麗、平靜的地方。你坐在那裡，環顧四周，注視著你可以看見的每一樣東西。注意所有的色彩是多麼的鮮活。注意空氣是多麼的清淨，每一個線條、形狀、質地在你看來是多麼的細膩和精緻。注意每一樣東西都散發著自身的平靜感。

好好聆聽存在於這個美麗地方的任何聲音。你聽到的所有聲音都是悅耳動聽的。這些聲音增添了周遭的和諧與平安。注意空氣中的任何氣味也都是令人愉悅的。它們是你體驗過最美麗的香氣，它們增加了你在周遭和內在感受到的平靜與放鬆。吸氣時，感覺彷彿你正在吸入美麗與放鬆。

注意你觸碰到的每一樣東西，感覺是如此美好。刷拂過你的雙手或雙腿的質地，撫觸你的臉龐或肌膚的空氣，每一樣東西感覺起來都是溫柔而愉悅的。你品嘗到的任何味道也都是討喜的。

你體驗著這段時間，在這個美麗、平靜的地方，充滿著強烈的安全感、穩定感和平衡感。你感到安全、歸於中心、扎根踏實。你感到平靜、自信。整個身體的每一個細胞都沉浸在平和之中。

靜靜地坐一分鐘，注意並享受這份美妙的平靜感。要知道這份感覺就在你裡面，而且在你想要時，隨時屬於你。你唯一要做的是，好好記住它。現在，你將要離開這個想像的地方，將注意力重新帶回到你所在的房間。但你知道，每當你想要時，你不會失去返回這地方體驗平靜的能力。這份平靜永遠在你之內。

當你睜開眼睛時，再次評估你的焦慮水平。把得到的數字寫在這裡：＿＿＿＿

進階練習

1. 描述一下你做這個練習的感覺。

＿＿＿＿＿＿＿＿

＿＿＿＿＿＿＿＿

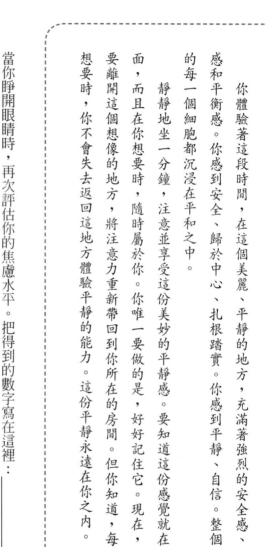

2. 說一說你何以選擇這個地方而不是其他地方，以及為什麼這個地方對你來說是令人平靜的。

3. 檢視一下你在練習前後的焦慮水平評分。說一說這個練習對你的焦慮水平有何影響。你認為為什麼會發生那樣的事情呢？

4. 有時候，人們對這個練習感到不舒服，因為不習慣閉上眼睛，然後在腦海中想像事物。描述一下你在練習時可能感覺到的任何不適。

你可能想要嘗試這個練習，生動地描繪若干不同的平靜之境。看看哪一個地方可以幫助你感到最平靜。如果你定期做這個練習，以此作爲預防之道，那麼每天的焦慮水平一定會降低。如果你發現當天的某個時間，你的焦慮水平上升了，請嘗試花一分鐘閉上眼睛，想像自己置身在你的平靜之境，帶著你的身心回到深度放鬆的狀態。當你的焦慮水平過高時，這可以幫助你落實干預。

第31課 靜心

靜心是一種練習，幫助你訓練自己的大腦放掉焦慮，回復到平靜的狀態。當你經常練習靜心，以此作為預防之道時，一定會發現你在從前使你感到焦慮的情境中更能夠保持平靜。大體上，你的焦慮水平也會比較低。

傑瑞德的經驗談

傑瑞德去找輔導老師布倫特先生，想了解一下該如何減輕焦慮。布倫特先生建議傑瑞德嘗試靜心。當傑瑞德聽到「靜心」一詞時，他在心中描繪了一位年老禿頂、虔誠修行的男子，穿著長袍，閉著雙眼，盤腿坐在山頂上。傑瑞德說：

「哦，不！那不適合我。」

布倫特先生說，傑瑞德想像的畫面描繪了一般人對靜心的刻板印象，但那並不完全精確。雖然靜心可以是一種精神修行，但它也可以單純地是一種使頭腦平靜的高效練習。

布倫特先生解釋說，靜心的基本做法是將注意力集中在某樣平靜的東西上，然後當你的頭腦漫遊時，一次又一次地將它帶回到那個平靜的焦點。當你讓自己的念頭脫離焦慮，聚焦在平靜時，你的身體就會以放鬆和釋放緊張來回應。隨著日復一日地持續練習，你的頭腦將會越來越擅長放掉壓力，保持歸於中心和平靜。無論置身在什麼情境，這個能力將會從早到晚每天幫助你。

起初，傑瑞德對於嘗試靜心非常懷疑。他認爲閉上眼睛好好坐著只會讓他感到更加焦慮。布倫特先生說，一開始感覺到更加焦慮是正常的，但隨著多加練習，傑瑞德便會習慣靜心。他建議傑瑞德先在他的辦公室嘗試這個練習，一開始只練習三十秒鐘。嘗試過幾次的三十秒，再把時間加長到一分鐘，然後兩分鐘、三分鐘。幾週後，傑瑞德一次可以舒服自在地靜心五分鐘。傑瑞德很訝異自己居然喜歡靜心。他喜歡這個事實：在他靜心的時候，他的整個身體會放鬆，他的頭腦會停止奔竄。他可以放掉所有的焦慮感，而且在事後幾個小時同樣感到更加平靜。布倫特先生解釋說，靜心的最大好處是累計的：傑瑞德練習得越頻繁，他就會越專注，越能夠控制自己的情緒，睡得更深沉，因而更容易釋放焦慮。

先試試看

若要練習靜心，你需要聚焦在某樣平靜的事物上。你可以選擇一個字詞或是一幅心理圖像；你可以聚焦在氣息進入和離開身體；或者你可以嘗試只是清空頭腦中的所有念頭，聚焦在兩眼後方的那片「黑」。

為了幫助你選擇一個平靜的字詞或圖像，請圈出下述凡是帶出你內在放鬆感的字詞。可利用下方的空白底線新增你自己的字詞。

日落	水	大自然	雲	______
平和	上帝	微笑	放鬆	______
自由	一	愛	流動	______

天空	飄浮	平靜的	帆	______
夏天	睡覺	安靜的	休息	______

第一次嘗試靜心時，選擇你圈出的一個字詞好好聚焦，或是決定聚焦在你的氣息或兩眼後方的那片黑。然後按照下述步驟操作：

- 找到一個不會被打擾的安靜地方。
- 找一個令你舒服自在的姿勢坐好。
- 將計時器設定爲一分鐘。
- 閉上眼睛。
- 將注意力集中在你選好的平靜標的上。

當你嘗試聚焦時，頭腦會漫遊是很正常的。當這種情況發生時，只需要好好注意，不帶評斷，然後將你的焦點再次帶回到你的平靜標的上。要知道頭腦一次又一次地漫遊飄離是完全正常的。要持續重新聚焦，直到時間到了爲止。

靜心練習的目標是一天靜心二十分鐘，並且幾乎是每天都這麼做。起初那是不可能的。先讓自己一開始每隔幾天靜心三十秒或一分鐘。當你舒服自在了，可一次增加三十秒或一分鐘，如此逐步增加到五分鐘。可以的話，就增加練習的時間和天數。你可能會輕易而快速地增加時間，也可能需要一年或更長的時間，才能逐步積累至那個目標。花多少時間都無關緊要。好處在於，持續練習可讓你的頭腦離開焦慮，返回平靜之地。

進階練習

1. 在閱讀本課內容之前，你對靜心知道多少，或是有何想法？

2. 描述一下嘗試靜心對你的焦慮水平有何影響。

3. 描述一下你喜歡靜心的哪一個部分。

____

____

4. 描述一下你不喜歡靜心的哪一個部分。

____

____

許多人說，他們太忙了，無法靜心。然而當你花時間靜心時，會發現一天竟然多出了許多時間。經常靜心可幫助你保持平靜，因此花在焦慮上的時間減少了。靜心能幫助你集中心神，因此你會花較少的時間完成任務。你犯的錯誤減少，因此你花在重做事情的時間也減少了。靜心會幫助你放掉惱怒，因此你花在爲瑣碎事物爭執的時間自然就減少了。當你比較花在靜心上的時間量與浪費在焦慮上的時間量，就會明白，當你靜心時，你會得多於失。

好好想一想，將靜心融入日常生活的哪個時間是切實可行的，早晨還是晚上？放學後嗎？還是每晚開始寫作業之前？刷完牙之後嗎？練習靜心時，請實驗不同的時間和不同的平靜字詞或圖像。要找到對你最有效的靜心方法。

第32課　更高的力量

許多人相信世界上有一股力量大於人類的力量。人們根據自己的信念，以不同的方式為這股力量貼上標籤。如果你相信某股更高的力量，就可以運用它來預防和管理焦慮的感覺。

更高力量的想法通常連結到靈性的概念。靈性是生命的非物質部分，被描述成一股賦予生命的原力、意識、內在的存在或靈魂。你不需要屬於某個特定的宗教或信念系統才能擁有靈性的信念，雖然宗教團體往往是人們首先學到靈性概念的地方。

擁有靈性信念可以幫助人們用下述某些方法管理焦慮：

1. 莉賽特相信，她始終被比自己更大的一股力量保護著。提醒自己這點，幫助她不再感到那麼焦慮。

2. 多米尼克相信，更高的力量對他的人生有一份計畫，因此發生的每一件事都有一個理由，即使當時他並不了解。當不是規劃中或他不喜歡的某事發生時，這樣的信念減輕了他的焦慮。

3. 泰勒相信，如果她祈禱，或是與某個更高的力量溝通，就可以產生效應，進而影響使她焦慮的情境的最終結果。

4. 對克特而言，安安靜靜的祈禱降低了他的心跳速率，釋放了肌肉裡的張力，幫助他感覺更加平靜。

先試試看

1. 下述哪些字詞聽起來好像與你個人對更高力量的靈性信念或想法有關，把它們圈出來：

靈性　　靈魂　　感恩　　心

美　神性　上帝　目的

愛　希望　奇蹟　連結感

信仰　善良　宇宙　天堂

平和　崇敬　大自然　聖潔

寬恕　永恆

2. 在以下方框裡畫一幅畫、製作一幅拼貼畫、寫一首詩、或是說說你個人的靈性信念或你個人對於某個更高力量的想法。有時候，人們並不確切知道自己相信什麼，那也無妨。如果你是這樣，表達一下你的想法即可。

進階練習

1. 說一說要你描述你對某個更高力量的想法是容易還是困難？為什麼容易又為什麼困難？

2. 檢視一下表達你的信念的文字和畫面。描述它們帶出你內在什麼樣的平靜感。然後說一說為什麼會帶出那樣的平靜感。

3. 描述一下你的文字和畫面帶出你內在什麼樣的焦慮感。然後說一說為什麼會帶出那樣的焦慮感。

4. 如果你對於某個更高力量的信念提高了你的焦慮水平，那麼找個你覺得可以與其自在談話的成年人分享你的感覺，可能會對你有所幫助。

描述一下你最近一直感到焦慮的某個情境。說一說你可以如何利用相信某個更高力量的信念來幫助你感到更加平靜。

第33課 一次只做一件事

如果人們試圖一次想太多或做太多，可能會焦慮不安。你可以將某個大項目分解成比較小的步驟，藉此降低焦慮水平。俗話說：「成小事易，成大事難」，這提醒我們，處理事情，一次處理一點會讓事情變得比較容易。

史蒂芬的經驗談

時間是下午一點，史蒂芬想在下午兩點和朋友們一起去溜滑板。母親告訴他必須把房間打掃乾淨才能出門。史蒂芬環顧四周，看到髒衣服和乾淨的衣服全都堆在地板上，書桌上空汽水罐排成一列，雜誌和作業簿混雜，床鋪沒整理，每一樣東西上面都是一層灰。他心想：「我永遠都整理不完啊！」頓時胃部感覺到焦慮開始糾結。

媽媽走進房間提醒他：「成小事易。既然你不可能一次全部做完，那就先從一件小任務開始，好好完成後再進行下一件任務。」

史蒂芬再次環顧自己的房間，嘗試看見許多的小任務，而不是一件大事。他開始放鬆了些。他首先看見汽水罐，於是將汽水罐拿去廚房。然後他整理好床鋪。接下來他將雜誌和作業簿分開，雜誌放進抽屜裡，作業簿放進背包中。他發現自己的房間看起來已經好多了，只剩下衣服和灰塵。他先將乾淨的衣服挑出來，剩下髒衣服，然後將髒衣服放入洗衣籃。接著，他把乾淨的衣服摺疊好，收起來。時間才下午一點四十分！他找到了抹布，一一把書桌、衣櫥和床頭櫃擦乾淨，然後還剩下十五分鐘。

先試試看

場景如下，請幫助莎拉發揮「成小事易」的概念：

莎拉正在聆聽老師分派英文報告。聽到所有必須完成的工作時，她感覺到手心開始冒汗，雙肩的肌肉開始緊繃。這份報告必須打字排版，放入文件夾，加上搭配主題設計的特殊封面。她必須挑選一本書閱讀，觀看同一則故事的影片，然後在報告中比較這兩者。此外，她還必須交出報告大綱，製作供口頭報告使用的摘要卡。莎拉覺得到學期結束時，自己恐怕還做不完，於是雙肩繃得越來越緊。

1. 重讀上一段，然後辨認一下在莎拉的大項目中包含的所有小步驟，將它們分別寫在空白線條上。

2. 檢視一下構成莎拉的大項目的各個步驟。閉上眼睛一分鐘，想想你必須親自完成所有那些步驟。以0到10的等級，評估你完成這整份報告的焦慮水平（0是完全平靜，10是高度焦慮）。

0　1　2　3　4　5　6　7　8　9　10

3. 現在再次閉上眼睛，想想只需要完成其中一個步驟。同樣以1到10的等級，評估你一次只完成這份報告的一個步驟的焦慮水平。

0　1　2　3　4　5　6　7　8　9　10

4. 描述一下你的第一個與第二個焦慮評分之間有何差異。說一說為什麼你認為你的焦慮水平上升、下降、或保持不變。

進階練習

有時候讓我們感到焦慮的事並沒有太多步驟可分解。我們可能會爲此感到焦慮，因爲這些事屬於我們沒有太多自信的領域。對莎拉來說，單是打字這個步驟就引發了她的焦慮，因爲她對自己的打字技能沒把握。莎拉了解到，她可以把這項任務分解成幾個小步驟：打開電腦，打開一個新的檔案，先鍵入標題頁，一次鍵入一頁。

1. 描述一項你必須完成且使你感到焦慮的任務。

2. 將這個任務分解成可管理的小步驟，把步驟寫在這裡。

3. 選取上述步驟之一，分解成更小的步驟。

4. 相對於聚焦在整份報告，當你只聚焦在一個步驟時，你的焦慮水平有何不同？

第34課 停止、呼吸、思考

遇到不知道該如何處理的狀況時，人們往往感到焦慮不安。使用解決問題技巧，可以幫助你在這些時候減輕焦慮感。

使用解決問題技巧意味著，在遇到某個具挑戰性的狀況時，你運用自己的身體和頭腦幫助你找到解決之道，而不是變得不知所措或焦慮不安。利用這三個提示詞：停止、呼吸、思考，可引導你想到解決問題的方法。

1. 「停止」意味著，你必須從最初對情境的焦慮反應中暫停一下。你如實地停止正在執行的不管什麼事，保持靜默一會兒。然後，你——

2. 「呼吸」。現在應該要來一次又深又長的呼吸，讓你的心智焦點離開焦慮，轉移到呼吸上。這會幫助你的心跳速率緩慢下來，將必要的氧氣傳送給身體的各個部位，釋放肌肉的張力。深呼吸時，你的大腦會接收到更多的氧氣，這使你可以——

3. 「思考」得更清晰、更有效。現在，你可以檢視這個狀況，仔細思考你需要首先、其二、其三做些什麼，才能解決眼前的問題。一旦辨識出這些步驟，你就可以付諸行動了。

先試試看

假裝你剛遇到以下圖片中的每一種情境。看著你眼前的場景，然後按照下述步驟練習解決問題：

1. 閉上眼睛，「停止」盯著現場看。
2. 深「呼吸」一下。
3. 仔細且清晰地「思考」你需要首先、其二、其三做些什麼，才能有助於解決那個問題。

現在在圖片下方寫下你的逐步解決問題計畫。

你在當保母，照顧你的小妹妹。你走進廚房看見……

你在自家附近騎腳踏車。轉個彎，你看見……

你走進學校的美術教室，然後看見……

進階練習

1. 有些人認為解決問題是一項很難學會的技能，但我們其實每天都用許多方法解決問題。以下列出幾個有問題待解決的活動。圈出你已經知道該怎麼做的活動，然後另列幾項你自己知道該怎麼做的活動。

拼拼圖	找朋友們去看電影
規劃一場派對	自己準備午餐
寫一篇文章	解決紛爭
打掃房間	燒錄CD

____

____

____

2. 無論看上去多麼簡單，上述這些活動全都涉及清晰地思考，以及制定和遵循一份逐步計畫。選擇上述兩個活動，然後列出你會運用哪些解決問題步驟來完成這些活動。

3. 有時候人們認為如果情境對當事人來說太過陌生或看似太大，當事人就沒有辦法解決問題。我們當中的大多數人都是如此低估自己。回想一下你過去曾經遇到過且解決過的問題，這些可能與學校、家庭、人際關係或活動有關。在此列出這些問題。

4. 描述一下某個最近發生在你身上且使你感到非常焦慮的情境。說一說如果當時你能夠「停止、呼吸、思考」，你的問題解決計畫將會包含哪些步驟。

____

____

____

____

5. 有時候情況非常的複雜或困難，因此你無法自行處理。遇到那類情況時，你的解決問題計畫的一部分應該是找某人來協助你。描述一下某個你可能會遇到需要尋求幫助的情境。說一說你會找誰來幫你。

____

____

____

____

第35課 保持生活與課業的平衡

當人們保持生活平衡時，焦慮水平往往是比較低的。保持平衡意味著，你選擇花費時間和精力的方式是一種休閒與職責兼融的健康組合。

芮秋、珍妮佛、史蒂芬妮的經驗談

芮秋、珍妮佛、史蒂芬妮同齡，住在同一個社區，上同一所學校，就讀同一年級。但當史蒂芬妮放鬆的時候，芮秋和珍妮佛通常很焦慮。

芮秋大部分的時間都花在從一個活動奔赴下一個活動。除了學校的課業外，她加入樂團，上長笛課，參加徑賽運動且是長曲棍球隊的一員，有一份兼差的遛狗工作，在一位老年人家中當志工。此外，她做功課，完成家務雜事，協助媽媽經營家庭事業。她幾乎始終焦慮著要如何完成每一件事。芮秋的生活失去了平衡，引發了焦慮，因爲她試圖在自己有限的時間內完成太多事情。

珍妮佛只有一個活動，就是參與青少年成就社。放學後和週末時，她把剩餘的所有時間都花在用功讀書和做功課。她覺得自己必須一直用功讀書，取得最好的成績，才能夠上好大學。她對於自己是否夠用功，總是感到很焦慮。珍妮佛的生活失去了平衡，引發了焦慮，因爲她將所有時間都花在功課上，沒有時間從事休閒活動。

史蒂芬妮花時間完成三項主要的活動：上小提琴課、踢足球、做作業。她還花時間與家人和朋友相處、打保齡球、看電影、露營。史蒂芬妮很享受她所做的每一件事，因此很少感到焦慮或不堪負荷。史蒂芬妮的生活是平衡的，因爲她的活動適量，且以玩樂平衡了工作。

先試試看

在左頁天平上大約記錄一下，在接下來兩天，你花在職責和休閒活動上的時間各是多少。

職責

活動	時間量

休閒活動

活動	時間量

職責

活動	時間量

休閒活動

活動	時間量

進階練習

1. 回頭檢視你的天平圖。描述一下關於生活的平衡，你注意到什麼。

2. 相較於芮秋、珍妮佛、史蒂芬妮，說一說你日常生活的平衡狀態。

3. 說一說你的天平為什麼平衡或為什麼不平衡。

4. 描述一下你認為天平的平衡如何影響你的焦慮水平。

5. 說一說在花費時間和精力方面，你可以做出什麼實質的改變，好讓你的天平變得更加平衡。

第36課 學習收納整理術

保持環境井然有序，可以讓你更輕易、更快速地找到需要的東西，同時幫助你的焦慮水平保持在低檔。

彼得的經驗談

彼得時常因爲找不到他需要的東西而焦慮。他上每一堂課都揹著背包，但背包裡亂七八糟，每每在需要時找不到作業、課本或鉛筆，然後他就會焦慮不安。他會無心上課，老師則會因爲他沒有準備好而不高興。

彼得將他所有的學校物品全部放在置物櫃中，但置物櫃裡凌亂不堪，每每在需要時找不到運動短褲、圖書館書籍或課堂筆記本，然後他就會焦慮不安。遍尋不著物品害他上課遲到，他會無心上課，老師則會因爲他沒有準備好而扣分。

彼得所有的個人物品都在家中的臥室裡：衣服、電玩、運動器材、電腦用品、上音樂課需要的用具。但他的房間亂七八糟，每每在需要時找不到籃球衣、額外的吉他弦、儲存英文報告的隨身碟、或是那雙好鞋。然後他變得焦慮不安。他會約會遲到，無心參與，別人則會因爲他沒有準備好而不高興。

彼得的姊姊蜜雪兒總是井然有序，她很少因爲找東西而焦慮。她告訴彼得，學習分類對他會有幫助。

如果彼得可以學會定期將東西分類，他就會更有條理，減少許多焦慮。蜜雪兒說，類別只是一群群彼此具有共同點的東西。她幫彼得按照類別整理好他房間裡的東西，然後彼得以同樣的方式整理他的背包和置物櫃，如此一來，彼得能夠更輕易、更快速地找到東西，那爲他消除了大量焦慮。

先試試看

1. 去你家附近的某家商店逛逛。每家商店都有大量商品。如果商品沒有被分門別類整理好，一定會亂七八糟，很難找到你要尋找的東西。在方框中畫一幅畫或寫一些相關資訊，描繪你看見這家商店如何將東西分門別類。

2. 去當地圖書館或學校圖書館觀察。每一間圖書館都有大量書籍和許多不同類型的書籍。如果書籍沒有被分門別類整理好，一定會亂七八糟，很難找到你要尋找的書。在方框中畫一幅畫或寫一些相關資訊，描繪你看見這家圖書館如何將書籍分門別類。

3. 坐在你的臥室門口，環顧四周。你的臥室裡有許多物品，當東西沒有被分門別類整理好，可能會亂七八糟，很難找到你要尋找的東西。在方框中畫一幅畫或寫一些相關資訊，描繪你該如何將房間裡的東西分門別類。

進階練習

1. 描述某個因雜亂無條理而使你感到焦慮的時候。

2. 你可以做出哪些改變，避免那樣的事再度發生？

3. 若你的房間要保持井然有序，哪些類別對你來說最為重要？為什麼？

4. 描述一下你需要保持井然有序的其他地方，然後說一說為什麼。

5. 井然有序的訣竅之一是「維持」井然有序。一次把你的物品整理好只是個開始。接著，你必須學習把物品保持得井然有序。想像一下你剛剛在週日夜晚整理好你的房間。週一下午，媽媽給了你洗好的乾淨衣服要你收起來，你從學校帶回了兩件完成的藝術作品和三項家庭作業，然後你不得不將背包丟在地板上，才能找到實驗室夥伴的電話號碼。描述一下你必須做些什麼以及何時必須完成，才能保持你的房間井然有序。

第37課

時間管理四步驟

沒有足夠的時間做事以及總是遲到，都是可能提高焦慮水平的習慣。當你能夠學會適當地管理你的時間，保持平靜就會比較容易些。

梅麗莎的經驗談

梅麗莎經常焦慮，因爲她常常遲到。她加入學校的活力社、學生自治會、足球社和生態社。她也當臨時保母，在主日學校教學。在家裡，她負責打掃房間、用吸塵器吸走灰塵、將回收垃圾拿出去扔。她的活動多到得熬夜熬到很晚才能把所有的功課做完。那使得她早晨很難醒來，以致上學常遲到。她因第一堂課遲到而被留校察看三次，助理校長巴尼斯女士把梅麗莎叫進她的辦公室。她們討論了梅麗莎的情況，然後巴尼斯女士說，梅麗莎需要學習如何更好地管理自己的時間。她教了梅麗莎以下四個時間管理步驟：

步驟1：時程安排

在制定計畫或承擔另一個活動或職責之前，檢查一下你的時間表，看看那天你還要做些什麼事。你有時間從事另一項活動嗎？只承諾你有時間完成的事情。

步驟2：記錄

選擇一項時程安排工具，記錄你必須完成的每一件事。時程安排工具包括日曆、電子記事本、日程規劃本或作業本。在訂出計畫之前，務必檢查一下你的時程安排，一旦安排好某事，就記錄下來。

步驟3：檢查

每天早晨起床後，先檢查你的時程安排，查看當天必須做些什麼事。如果你需要額外的方法幫忙記憶，可替自己寫些幫助記憶的提示紙條，放在你一定會看見的地方。每當你考慮做出完成某事的承諾時，檢查一下你的時間表，看看是否有足夠的時間。全天候檢查你的時間表，以此確保你記得自己的承諾。

步驟4：提前規劃

提前思考。不要等到最後一分鐘才把事情做好。要確保你允許自己有足夠的時間實現每一項任務或承諾。

第二天，梅麗莎嘗試了這個四步驟計畫。朋友貝卡那天晚上邀她去看電影，梅麗莎的第一個念頭是答應，但隨後她拿出了自己的日程規劃本，看見當天晚上已經安排了學生自治會開會，而且當天晚上必須爲某個數學測驗用功複習。然後她查看往後兩天的時間，發現週五晚上有空。她和貝卡決定，改成週五去看電影。梅麗莎立刻在她的規劃本中寫下這件事。她還寫了一張紙條，提醒自己週五練完足球後要立刻回家，而不是跟平時一樣和隊友們一起吃披薩。她明白如果出去吃披薩，一定沒有時間沖澡、換衣服，然後在貝卡來接她時準備好去看電影。爲了確保不會忘記，她寫了一張便條給自己，放在總是帶去練習足球的行李袋中。因爲知道自己不必忙得團團轉，梅麗莎感覺到她的焦慮水平陡降。

先試試看

將以下的規劃表複製七份。接下來一週練習安排你的所有承諾，從考試日期、到課後活動、到家務瑣事。

星期 ____________　　日期 ____________

5 A.M.

6 A.M.

7 A.M.

8 A.M.

9 A.M.

10 A.M.

11 A.M.

中午 12 點

1 P.M.

2 P.M.

3 P.M.

4 P.M.

5 P.M.

6 P.M.

7 P.M.

8 P.M.

9 P.M.

10 P.M.

11 P.M.

午夜 12 點

進階練習

1. 描述一下你記錄這些規劃表的感覺。

2. 說一說記錄這些規劃表對你的焦慮水平有何影響。

3. 四個時間管理步驟中，你最輕易就能完成的是哪一個？為什麼？

4. 四個時間管理步驟中，你需要最多協助的是哪一個？為什麼？

5. 描述一下你可以做些什麼來協助自己完成對你來說最困難的步驟。

6. 說一說哪一項時程安排工具對你最有效，為什麼。

第38課 以安全的方式表達憤怒

人們感到憤怒時，就會帶著怒氣，直到憤怒被直接、間接、以口頭或肢體方式表達出來。當憤怒被表達了，怒氣便會消散。沒有被覺察或表達的憤怒並不會憑空消失，它仍舊滯留在你的身體中和情緒裡，而且可能在日後顯現成焦慮感。探索你的憤怒體驗可以幫助你緩解焦慮。

人們學會以不同的方式處理憤怒。在凱特的家中，憤怒是經由喊叫和破壞東西被表達出來。這令凱特非常不舒服，於是她往往要麼漠視自己的憤怒感，要麼懲住自己的憤怒感。

在埃文的家中，家人被鼓勵將憤怒帶到戶外的籃球框，或是帶到地下室的跑步機。埃文學會了讓自己的怒氣在學校打球時發洩出來。

在凡妮莎的家中，沒有人表現憤怒。他們憋住自己的感覺。生氣時，凡妮莎不確定該怎麼辦。她通常會在日記中寫下生氣的事，有時則是哭一場。

憤怒應該以安全的方式被表達，例如，適當的口頭表達、肢體活動或鍛鍊、寫作、繪畫或玩音樂。當你練習關注你的憤怒感，同時安全、完整地將憤怒表達出來時，你可能會發現自己的焦慮水平降低了。

先試試看

在下頁每一個方框中的線條上，寫下使你生氣的事物、人物或情境的名稱。對於每一項，替左側溫度計的水銀著色，以此顯示你的憤怒水平；替右側溫度計的水銀著色，以此顯示你針對這點表達出來的憤怒總量。

如果你認為沒什麼事讓你生氣，那就捫心自問：「如果有事真的讓我生氣，那會是什麼事呢？」然後將你的答案寫在方框中的線條上，並替溫度計著色。

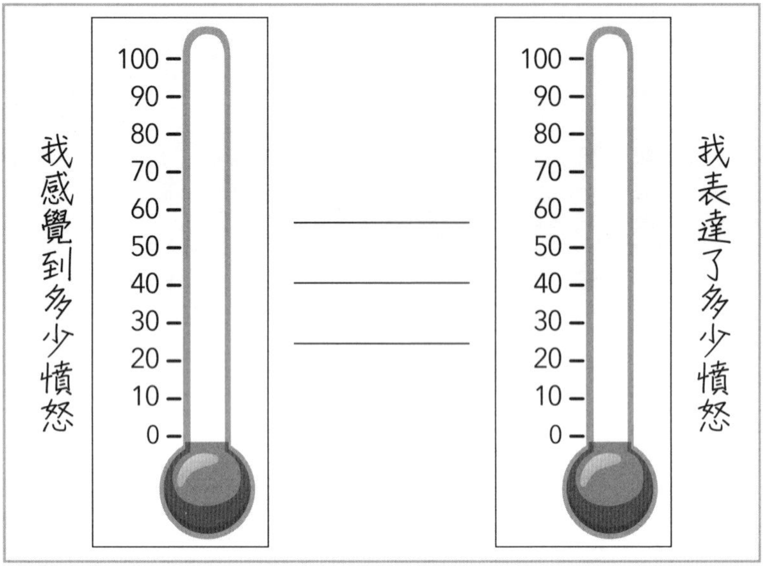
我感覺到多少憤怒
100
90
80
70
60
50
40
30
20
10
0
100
90
80
70
60
50
40
30
20
10
0
我表達了多少憤怒

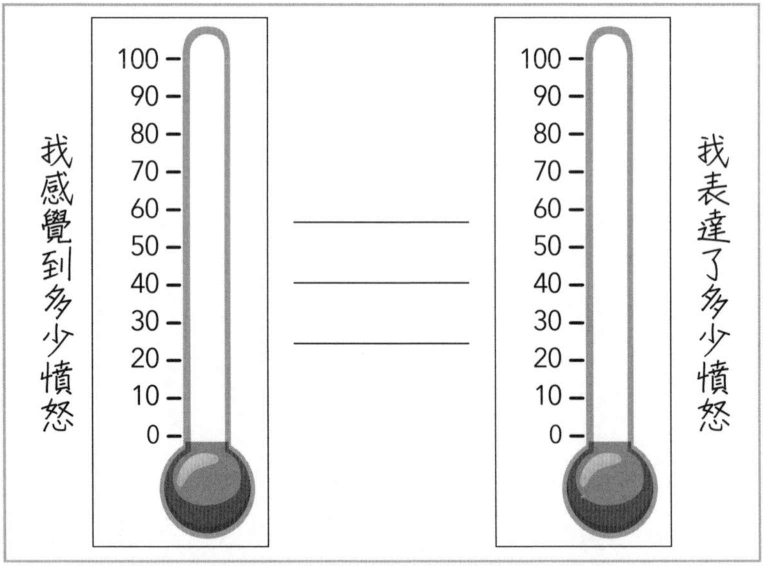
我感覺到多少憤怒
100
90
80
70
60
50
40
30
20
10
0
100
90
80
70
60
50
40
30
20
10
0
我表達了多少憤怒

我感覺到多少憤怒

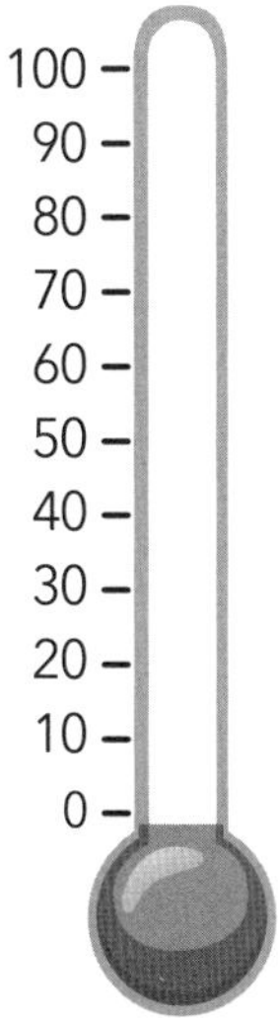

____

____

____

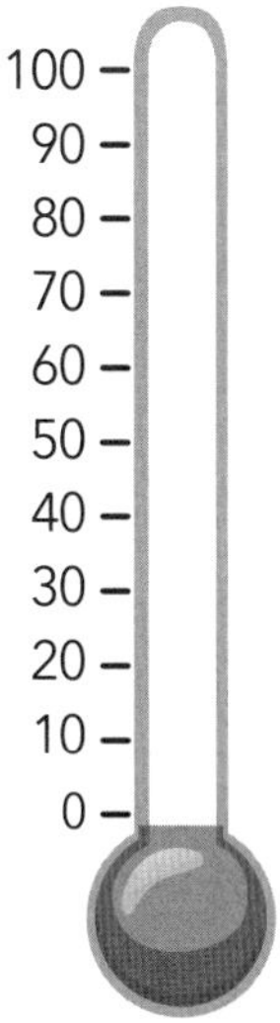

我表達了多少憤怒

我感覺到多少憤怒

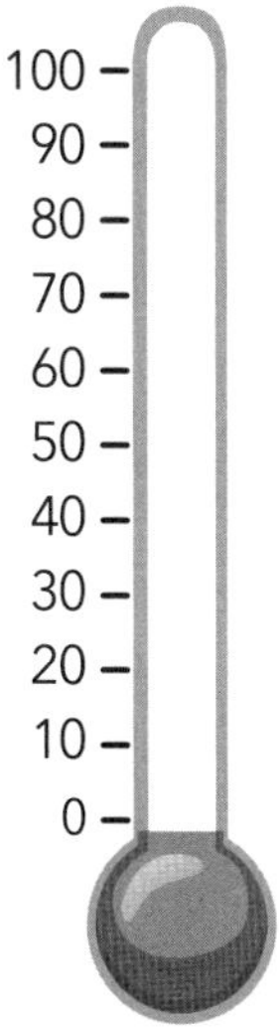

____

____

____

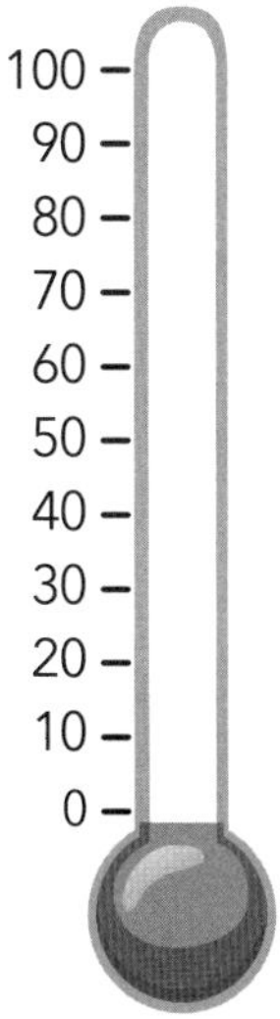

我表達了多少憤怒

進階練習

1. 針對上面每一項，描述一下你感覺到的憤怒總量與表達出來的憤怒總量兩者間的對照。

2. 描述一下你的家人通常如何表達憤怒。

3. 描述一下你通常如何表達憤怒。

4. 未被表達的憤怒可能會顯現成焦慮、頭痛、胃痛、其他情緒或身體症狀。如果你沒把所有的憤怒表達出來，描述一下你認為憤怒會從你身體的什麼地方冒出來。

5. 說一說你還可以做些什麼來釋放可能沒有被表達的憤怒。

6. 描述一下目前想到可能令你生氣、甚至不了解為什麼生氣的任何事情。

第39課 處理恐懼和恐懼症

恐懼症是針對某個特定的對象或情境所產生的一種強烈、持續的恐懼，導致某人在接觸到那個對象或情境時，焦慮迅速竄升。常見的恐懼症有害怕封閉空間的「幽閉恐懼症」、害怕高度的「懼高症」、害怕擁擠的公共場所的「廣場恐懼症」、害怕飛行的「飛行恐懼症」、害怕血液的「恐血症」。人們通常會設法避開引發焦慮的對象或情境，藉此管理恐懼症。此外，運用一種稱之為「系統減敏感法」的技巧，恐懼症也可以被減輕或完全消除。

海莉的經驗談

對於承諾在夏令營擔任初級輔導員，海莉憂心忡忡。她雖然很想幫助那些年紀較小的女孩參與游泳、玩風帆、製作手工藝品，但她不知道自己是否應付得了對蜘蛛的極端恐懼。去年營隊活動時，一隻蜘蛛爬進了海莉的手提箱和T恤裡。她穿上那件T恤時，蜘蛛爬到了她裸露的肌膚上，她驚聲尖叫。當時海莉心煩意亂，因此提前兩天離開營隊。

海莉的母親約了一個診，要海莉去見一位專門幫助人們應對焦慮、恐懼和恐懼症的輔導師。這位輔導師告訴海莉，她可以運用系統減敏感法幫助海莉。當海莉想到或遇到蜘蛛時，這個方法可以幫助她感到平靜而不是恐懼。首先，海莉必須列出一系列蜘蛛令她感到害怕的情境。接下來，她必須依序排列恐懼的強烈程度。輔導師把這份清單稱為「階層」。海莉的階層如下所示：

關於蜘蛛，從最不害怕的情境到最害怕的情境

一隻蜘蛛在我的帳篷外爬行
一隻蜘蛛在我的帳篷內爬行
一隻蜘蛛在我的帆布床附近爬行
一隻蜘蛛在我的帆布床上爬行
一隻蜘蛛在我的衣服上爬行
一隻蜘蛛在我裸露的肌膚上爬行
一隻蜘蛛在我的臉部附近或我的臉上爬行

下一次療程時，輔導師要海莉舒服自在地坐著，閉上眼睛，以0到10的等級替她自己的焦慮水平評分，0是完全平靜，10是高度焦慮。海莉說，答案是5。輔導師幫助海莉一一放鬆所有的肌肉，然後她要海莉在頭腦裡觀想一個非常安全與平靜的地方。海莉的焦慮水平下降至0。然後輔導師告訴她，想像一隻蜘蛛在

帳篷外爬行。她的焦慮水平上升至3。海莉再次放鬆肌肉，想像她在那個安全、平靜的地方。海莉持續聚焦在放鬆，直到她可以想像蜘蛛在帳篷外且焦慮水平保持在等級1。然後她進入到下一個情境，一隻蜘蛛在帳篷內爬行。

海莉繼續在放鬆與觀想蜘蛛之間來來回回，在幾次諮詢療程的過程中，她必須重複這個練習若干次。但最終，海莉能夠想像一隻蜘蛛在她的臉部附近爬行且焦慮水平保持在等級1。海莉在家中繼續操作這個練習，不久，她變得有自信，可以再次參加營隊。

先試試看

在另一人的幫助下完成時，規劃和執行系統減敏感練習往往效果最好。設想一個你可以與其自在討論這個問題的人，可能的話，請此人幫助你完成這個練習。

1. 在以下方框中畫一幅畫或寫一些相關資訊，描繪你的恐懼或恐懼症。

2. 關於恐懼或恐懼症，寫下你自己的陳述階層。

再次從頭到尾讀一遍海莉的系統減敏感練習方式，利用這個過程熟悉你自己。然後按照海莉執行的步驟操作，在深度放鬆與觀想恐懼的對象或情境之間來回移動，直到你可以舒服自在地觀想階層上的每一個步驟且焦慮水平不會上升得過高。

練習時，你可能會發現自己會至少一次想要修改你的階層。起初我們常會將步驟訂得太大或太籠統，而辨識出更小的步驟會使這個練習變得更有效力。

進階練習

1. 說一說為什麼你認為自己發展出對這個特定對象或情境的恐懼。

2. 描述一下經歷這個練習的放鬆部分時，你有何感覺。

3. 說一說什麼可能會幫助你更加放鬆。

4. 描述一下在觀想你的恐懼或恐懼症時，你有何感覺。

5. 在你的階層上，哪一個步驟最難放鬆？

6. 哪一個步驟是最容易放鬆的？

7. 說一說如果你可以戰勝這份恐懼，你的生命可能會有多大的不同。

請謹記，你可能必須練習許多次才會發現你的恐懼逐漸縮減。要對自己有耐心，明白那是正常的過程。

第40課 處理恐慌發作

恐慌發作是短期內極度的焦慮，會引發諸多不適。遵照幾個簡單的準則，人們可以學會管理恐慌發作。如果你經常恐慌發作，一定要告訴某位成人和你的醫師。

東尼的經驗談

東尼到醫院探望母親時第一次恐慌發作。他媽媽剛剛動過切除腫瘤的手術。當東尼走進病房，看見母親在醫院的病床上熟睡，臉色蒼白，手臂上插著管子，他開始覺得頭重腳輕，心臟怦怦跳，感到反胃。他開始出汗，感覺手臂震顫。

東尼的父親注意到不對勁。他要東尼坐在椅子上，然後找了一位護士過來。護士告訴東尼要做長長的深呼吸，東尼做了幾分鐘，直到感覺平息下來。不久，他覺得比較好些，但被發生的事大大震驚了。身體的不適來得如此之快，驚嚇到他。他不知道爲什麼會發生這樣的事，擔心可能會再次發生。隔天，上學令東尼神經緊張，但父親說一定得去學校。東尼覺得自己擔憂了一個早上，於是午休時段，他走進了學校的醫護室。

東尼告訴學校護士前一天發生了什麼事，護士說，聽起來像是東尼經歷了恐慌發作。她告訴東尼，人在巨大的壓力下可能會恐慌發作，而看見母親在醫院裡顯得虛弱無力肯定會引發壓力。她告訴東尼，恐慌發作並不危險，可以非常簡單地駕馭並掌控。最後，她給了東尼一份印好的講義，上頭列了許多如果覺得再次恐慌發作可以做的事。知道發生的症狀有個名字，而且如果再次發生，他有辦法處理，東尼覺得好些了。

學校護士給東尼的講義如下：

運用頭腦和身體處理恐慌發作

運用頭腦：

1. 提醒自己，你並未置身在危險中。你只是誇張地體驗到對壓力的正常反應。
2. 提醒自己，你可以處理並掌控這些不舒服的感覺。
3. 不要想著「哦，天哪，這太可怕了！我會發生什麼事啊？」之類的念頭，改成想想：「好吧，我體認到這些感覺。我完全知道該怎麼做才能釋放它們，而我現在就要那麼做。」

運用身體：

1. 找一個可以坐下來的地方。如果在戶外，就靠著某樣結實的東西。
2. 做長長的深呼吸，藉此逐漸放緩氣息。要記住，深呼吸會把需要的氧氣帶回到你的身體內，讓心臟不至於疾速跳動，而且可消除任何震顫或暈眩的感覺。

3. 環顧四周，注意所有正常的事在你周遭進行著，在允許那個恐懼的症狀離開的過程中，要聚焦在那份正常上。

4. 為了減緩症狀，可做些讓你感到舒服的其他事。有些人會啜飲冷水，有些人會躺下來閉上眼睛，有些人會將冰涼的毛巾放在頸子底下。

先試試看

1. 你在恐慌發作時體驗到下述哪些症狀，把它們圈出來：

心臟怦怦跳　胸痛　出汗　頭重腳輕　噁心　震顫

麻木　恐懼死亡　暈眩　胃部問題　發冷　發紅

呼吸急促　發抖　不真實感　感覺失控　窒息感　感覺透不過氣

2. 在以下方框中畫一幅畫，描繪你冷靜地管理自己的恐慌症狀。用細節來表現你的姿勢舒服自在、肌肉和呼吸放鬆、頭腦清晰澄明。加上一顆「思想氣球」，在氣球裡寫下你正想著平靜、安心、自信的念頭，以此減緩恐慌的感覺。

進階練習

1. 描述一下上次你恐慌發作時，發生了什麼事。

2. 說一說你想過或做過的哪些事，促使那些恐慌症狀惡化。

3. 說一說你想過或做過的哪些事，促使那些恐慌症狀減弱。

4. 如果你有過多次恐慌發作，就記憶所及，列出一天幾次、一週幾天，以及恐慌發作時的處境。

5. 你是否在列出的資訊中注意到任何模式？

6. 如果你經常恐慌發作，請在接下來發作的五到十次寫日記，記錄恐慌發作的特徵。描述一下你在資訊中看到的任何模式。

7. 說一說你可以怎麼利用這份資訊在未來避開恐慌發作。

8. 回顧你畫自己平靜地管理恐慌的那幅畫。盯著那幅畫，深呼吸，真正在你的身體內創造平靜的感覺。閉上眼睛，想像你自己在這幅圖畫之中，平靜地應對恐慌。你知道你可以在需要的時候這麼做。

第41課 將自己與他人的問題區隔開

有時候當你認識或鍾愛的人感到焦慮時，你很難不同時感到焦慮。但承受他人的問題只會讓你自己的焦慮感飆升得更高，使你從比較脆弱變成不知所措。

潔絲敏的經驗談

潔絲敏有一群非常親密的朋友。他們一起上許多的課，幾乎每個週末一起看電影。潔絲敏是個有愛心的人，也善於傾聽，因此朋友時常帶著問題來找她。當潔絲敏能夠提供建議或同理對方從而幫助他們時，她總是感覺美好。但有時候，她覺得自己在事後幾小時會一直擔心著朋友的問題。處在那種情況時，她會感到某種刺痛的灼熱感，遍佈上背部和肩膀。她告訴媽媽這件事，而媽媽說她應該讓醫生檢查一下。

醫生聽完了潔絲敏的敘述，替她做了檢查，然後告訴她，那種感覺很可能跟她的神經有關聯。當她過於焦慮時，她的神經就會「超載」。這是常見的壓力反應。醫生說，潔絲敏需要學習放掉她朋友的問題。她不必停止聆聽或成爲好朋友；她只需要停止將朋友的問題悶在自己心裡。

醫生給了潔絲敏幾則建議，告訴她可以怎麼做：

1. 提醒自己，擔心是毫無價值的。
2. 當她沒跟朋友在一起而仍舊想著對方的問題時，要練習思考中斷法。
3. 當她聆聽朋友的問題時，想像自己周圍有一道特殊的隱形防護罩。愛和關懷可以穿過防護罩從她身上散發出去，但對方問題的壓力卻被阻擋在外，無法進來。

4. 練習觀想把朋友的問題留給朋友。在她聆聽了朋友的心聲且離開朋友之後，她也可以想像自己同時離開了那些問題。舉個例子，她可以將那些問題想像成小妖精站在朋友的腳邊或坐在他們的肩上。或者當她與朋友談完話，掛斷電話時，她可以想像那些問題完全困在電話線裡，因此當她掛斷電話時，問題就留在那裡，不會跟著她。

5. 提醒自己，關心某人和承擔對方的問題是兩回事。承擔別人的擔憂幫不了對方，只會耗盡自己的能量，而那能量原本可以用來成爲一名好聽眾，或是在自己的生命中保持健康。

潔絲敏嘗試了醫生的幾則建議。起初她仍很難將自己與朋友的問題區隔開，但最終她變得比較擅長這件事，而且肩膀上的灼熱感消失了。她領悟到如果不給自己過大的壓力，她可以成爲更好的朋友。

先試試看

1. 想起某個情境，你對某人的問題感到焦慮。在以下方框中畫出你自己和那個人。畫出你的心，象徵你對對方的關懷。然後用線條、色彩或形狀來表現圍繞著你們兩人的焦慮。

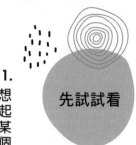

2. 當你將自己與那些問題區隔開時，再畫出你自己和那個人。再次畫出你的心，象徵你的關懷，但這一次用線條、色彩或形狀來表現焦慮離你很遠。在你自己與那份焦慮之間畫下一條粗線或屏障。

進階練習

1. 描述一下在第一張圖畫中，你感覺如何。

2. 你感覺到焦慮對對方有任何幫助嗎？ □是 □否

3. 描述一下在第二張圖畫中，你感覺如何。

4. 你沒有感覺到焦慮在某方面傷害到對方嗎？ □是 □否

5. 在兩張圖畫中檢視一下你的心。你認為感覺到對方的焦慮會如何影響你關懷對方的能力？

6. 下次你對別人的問題感到焦慮時，嘗試一下潔絲敏的醫生給她的建議之一。在此描述一下你的體驗。

7. 繼續嘗試潔絲敏列出的建議，直到你找到對你最有用的方法為止。不然就是自己擬出某個點子，將你自己與他人的焦慮區隔開。在此描述一下你的點子，然後好好嘗試看看。

第42課 未來的挑戰

請將本書的每一個練習融會貫通，如此一來，你就學會了許多成功管理焦慮感的方法。雖然這並不意味著你永遠不會再體驗到焦慮，但確實意味著你已經取得了寶貴的應對技巧，可以幫助你更加平靜地度過此生。

學習應對焦慮的方法意味著，你的內在已經發生了重大的改變。你已經學會了新的思考方法和行爲模式，可以幫助你將焦慮的感覺保持在低檔，無論你去到哪裡或是接下來要做什麼事。

有時候人們認爲既然已經學會了這些應對技巧，就應該永遠不會再感到焦慮了。如果這些人確實體驗到焦慮，他們就告訴自己，一定是自己做錯了什麼事，於是他們變得更加焦慮、煩躁、挫敗或沮喪。他們覺得自己失敗了，不懂得管理焦慮。

重要的是要記住，管理焦慮和消除焦慮是兩件不同的事。應對技巧可幫助你照顧好你自己，使焦慮不至於飆升得過高。但使用應對技巧並不表示你永遠不會再感覺到焦慮。人生總是會有新的情境和新的挑戰。期望完全消除焦慮是不切實際的。這麼想一定會使你感覺自己像個失敗者，因爲要讓焦慮完全消失無蹤是幾乎不可能達成的。

期望運用健康的應對技巧將日常的焦慮水平保持在低檔，且在高檔焦慮出現時好好管理，是你可以達成的目標。你越是持續透過預防和干預來練習管理焦慮，就越能在新的情境升起時，更輕易、更快速地應對處理。但要記住，你會持續面臨新的挑戰，而那會帶出你往後的焦慮。那並不意味著你失敗了，那只是意味著，你是人類，而且是活生生的。

先試試看

在下方時間軸的最左端寫下目前的年分。在隨後的里程碑，寫下距離現在一年、兩年、五年、十年的那一年是什麼樣子。

在第一個里程碑裡，列出你目前人生中面臨的挑戰。在後續的里程碑裡，列出未來每一個時期可能會面臨的挑戰。

進階練習

1. 說一說你在本書中學到的焦慮管理方法，哪些目前對你一定有幫助。

2. 說一說哪些焦慮管理方法在未來對你最有幫助，為什麼。

3. 你可能想要更加了解哪些焦慮管理方法，為什麼？

4. 這本練習手冊可能已經教會你一些重要的技巧，但這只是一個開始，還有許多其他你可以持續討教的書籍、練習本、課程、老師。哪一個方法對你來說最容易學，為什麼？

至此，你對本書內容已融會貫通，卓然有成。你已經花費了時間和精力學習如何幫助自己，而在你可以做出的投資中，那是最有價值的投資之一。它會影響你處理人生中每一件事的能力。爲你下過的苦工好好恭喜自己吧！然後告訴別人你完成了什麼事，好好分享你的成就。

國家圖書館出版品預行編目（CIP）資料

為何你總是憂鬱不安？：停止焦慮的 42 堂課 / 麗莎．M．薩伯（Lisa M. Schab）著；繆靜芬譯. -- 初版. -- 臺北市：橡實文化出版：大雁出版基地發行，2020.08
面； 公分
譯自：The anxiety workbook for teens : activities to help you deal with anxiety & worry
ISBN 978-986-5401-29-0（平裝）

1. 青少年心理 2. 焦慮

173.2 109008838

BC1079

爲何你總是憂鬱不安？：停止焦慮的 42 堂課

【邁向成熟大人的情緒教養系列 2】

The Anxiety Workbook for Teens:
Activities to Help You Deal with Anxiety and Worry

作　　者　麗莎．M．薩伯（Lisa M. Schab）
譯　　者　繆靜芬
責任編輯　田哲榮
協力編輯　劉芸蓁
封面設計　斐類文化
內頁構成　歐陽碧智
校　　對　蔡昊恩

發 行 人　蘇拾平
總 編 輯　于芝峰
副總編輯　田哲榮
業務發行　王綬晨、邱紹溢
行銷企劃　陳詩婷
出　　版　橡實文化 ACORN Publishing
地址：10544 臺北市松山區復興北路 333 號 11 樓之 4
電話：02-2718-2001 傳眞：02-2719-1308
網址：www.acornbooks.com.tw
E-mail 信箱：acorn@andbooks.com.tw
發　　行　大雁出版基地
地址：10544 臺北市松山區復興北路 333 號 11 樓之 4
電話：02-2718-2001　傳眞：02-2718-1258
讀者傳眞服務：02-2718-1258
讀者服務信箱：andbooks@andbooks.com.tw
劃撥帳號：19983379　戶名：大雁文化事業股份有限公司

印　　刷　中原造像股份有限公司
初版一刷　2020 年 8 月
初版三刷　2020 年 12 月
定　　價　350 元
I S B N　978-986-5401-29-0